하이어 셀프

애쓰지 않고 내 안의 힘으로 사는 법

삶의 방향을 바꾸는
내면 탐색 안내서

하이어 셀프

애쓰지 않고 내 안의 힘으로 사는 법

김현숙 지음

HIGHER
SELF

혜윰터

프롤로그

이 시대는 완벽한 사람을 선호한다. 회사에서도 완성형 인재를 채용하기 때문에 완벽해야 한다는 강박이 있다. 그리고 완벽하지 않은 사람에 대해 재단한다. 나는 50대 만학의 길을 선택한 그야말로 완성된 인재상과는 거리가 먼 사람이다. 그래도 기라성 같은 전문가나 훌륭한 사람들이 높은 벽처럼 내 앞에 있었어도 압도되지는 않았다. 왜냐하면 나는 논리적으로 분석해서 나의 부족함을 보완해 가려는 사람이 아니라 갈망으로 시작해서 원하는 것을 추진해 갈 수 있는 힘을 내 안에서 발견했기 때문이다. 좌충우돌은 많았지만 분명한 것은 나 자신을 믿었다. 나의 부족한 모습 너머로 보이는 온전함과 가끔씩 마주쳤다.

누군가처럼 되고 싶다고 생각하기보다는 내 안에 남다른 무언가가 있다는 것을 느꼈다. 혹은 내 의식보다 더 큰 생각이 내 삶을 지휘하고 있다는 막연한 생각도 했다. 그래서 포기하지 않을 수 있었다. 애쓰지 않아도 되는 내면의 힘이 내 안에 있었고 지금도 있다. 인생의 희로애락 가운데에 있으면서도 나는 50대 중반에 경영학 박사학위를 취득하고 겸

임교수로서 10년 가까이 MBA 과정에서 가르치고 배우는 라이프 코치이기도 하다. 그사이에 딸아이가 결혼해서 보물 같은 손녀가 둘이나 된다. 외국에서 손녀들을 보살피며 직장 생활하는 딸아이를 조금이나마 살펴주고 싶은 마음에 일 년에 두세 번씩 고무장갑과 앞치마를 챙겨 날아다녔다. 그러고서도 어디서 솟아나는지 모를 에너지가 남았다. 두려움이 기본값인 남편의 노후자금을 축내는 건 서로의 에너지를 갉아먹는 일이라서 넉넉하지 않을 때는 마이너스 통장으로 마음이 위축되지 않게 했다. 그러고 나면 신기하게도 이런저런 이유로 그만큼의 자금이 들어오곤 한다.

어떤 방향으로 포기하지 않고 나아가도록 나를 안내하는 보이지 않는 내면의 에너지는 무엇일까? 나는 세상의 객관적인 기준으로 평가한다면, 분명 잘난 사람은 아닌데 나는 자신이 있었다. 지금도 그렇다. 그 다름이 무엇인지 알았다.

내가 가늠할 수 없는 내면의 정체성이 있다는 것을 알지 못했었다. 육신을 입고 사는 나라는 사람의 내면의 존재가 보이지 않는 나로서 늘 거기에 있다. 우리 모두가 그 내면의 존재를 가지고 있는데 좌뇌형 접근이 익숙하지 않았던 나는 아마도 우뇌형 접근으로 내가 가진 내면의 힘을 조금 더 쉽게 느낄 수 있지 않았을까 추측해 본다.

좌뇌형 접근을 통해 나를 탐색해 가는 과정이 바쁘고 힘겹게 펼쳐졌다. 나는 영어교육을 전공하지 않고 영어 강사를 20여 년간 하면서 자신을 신뢰하지 못하고 누군가가 나를 가짜라고 손가락질할지 두려워하는 증후군을 경험했다. 자신을 가짜로 여기는 Impostor Syndrome(가면증후군)을 실제로 받아들이고 반응하였기에 여러 가지 자격증과 학위를 취미처럼 수집하였다. 다른 사람에게 들키지 않으려고 나를 보완해 가는 길의 끝은 보이지 않았다. 늘 부족하고 애써야 했다. 외부의 누군가와 늘 비교의 대상이 되었기에 말이다. 그러나 모든 반작용은 결국 작용으로 수렴되는 우주의 섭리와 그 큰 헤아림에 감탄하지 않을 수 없다. 가짜 나를 위해 쌓아온 엉터리 트로피들 가운데서 내 내면의 온전한 존재가 한 줄기의 햇살처럼 나를 위로하곤 하였다.

  내면의 존재에 대한 여러 가지 해석이 있으나 나는 이를 창조주가 모든 인간의 내면에 심어둔 신성을 닮은 의식이라고 표현하고 싶다. 예전부터 철학자들의 담화 대상이었던 존재론, 영성가들이 추구하는 의식, 과학자들이 끊임없이 탐구해 온 우주 만물의 근원에서 하나로 수렴되는 것이 있다. 바로 의식이다. 이 의식의 에너지가 우리를 일으키는 힘이다. 창조주가 우리에게 부여한 이 온전하고 완벽한 순수의식에 의존하면 좋겠지만, 저마다 인생에서 경험한 그 달고 단 길로 빨려 들어가고 만다. 나의 인생을 4막 5장에 비유한다면 4막의 여정에 이르기까지 이러한 순간을 수없이 경험했지만 이제서야 직면하고 있다. 그리고 위대한 길을 발견하였다. 위대한 길은 노력하여 어떤 결과를 만드는 여정이 아니라, 먼저 나의 신성한 반쪽을 선택하여 상호 의존하여 살아가는 길이다. 왜 그래야 할까? 두 가지 일이 동시에 일어나기 때문이다.

  요즘은 외부의 압력과 쓸모없는 정보들이 내 피부 안으로 무차별적으로 침투하는 시대이다. 매일 느끼는 압도감, 혼란, 불안감은 흔히 나타나는 감정이며, 이러한 상황에서 기본적인 심리적 방어는 자연스럽게 나타난다. 그 방식은 대부분 저항의 모습으로 나타난다. 물론 이러한 심리적 방어는 자신을 지키려는 마음과 안정에 대한 욕구를 보호하는 자동적인 반응이다. 그렇지만 이러한 저항과 부정적 태도는 학습적인 자세가 아니며, 이러한 태도를 극복하지 않는 한 결코 우리가 가진 역량을 모두 발휘할 수 없다.

따라서 자동 반응의 저항과 부정을 인식하고 다른 심리적 반응을 적극적으로 시도하고 관찰할 수 있는 심리적 소양이 중요하다. 두 가지 일을 동시에 할 수 있는 나로 육성하는 연습이 필요한 시대이다. 즉, 나의 하이어 셀프인 내면의 존재가 자신이 하는 행동을 동시에 관찰하고 성찰하는 것이다. 나는 단언컨대 이러한 능력은 이 시대에 필요한 가장 근본적인 소양이라고 생각한다. 이러한 소양을 함양하기 위해 감성지능 리더십을 일상에 적용할 방법론을 코칭이란 커뮤니케이션 도구에 담아내려는 시도를 해왔다.

사회나 조직, 작게는 팀과 그룹 등에서 리더십과 협업의 중요성을 강조하지만, 그 방식이 인간적이지 않다면 울리는 꽹과리에 불과하다. 그 인간적이란 실마리를 인간의 정의에서 찾을 수 있다. 인간의 영어 표현이 Human Being이다. Human이란 물리적인 자아와 Being이란 내면의 존재가 서로 어우러진 모습이 인간적인 모습이다.

나의 보배인 내면의 존재에 대해서는 배운 적도 없고 누구도 이야기해 주지 않았다. 본 도서에서는 그 존재와 함께하지 못했을 때 우리 인생에 펼쳐지는 온갖 종류의 드라마틱 모습을 객관적으로 관찰하고, 그 햇살처럼 따스하고 완벽한 내면의 존재가 무엇인지 이해하여, 그 존재가 가진 힘, 잠재의 힘을 일상에 드러나도록 하는 방법을 소개한다. 그리하여 애쓰지 않고 순풍에 돛 달고 가는 삶의 여정을 함께하게 될 것이다.

배운 적도 없고 누구도 이야기해주지 않았던 내면의 존재에 대해, 애쓰지 않아도 그 힘으로 내가 원하는 삶을 이루어가면 좋겠다. 우리는 모두 내면의 힘을 찾고 싶어 한다. 이러한 작업에 당신을 초대한다. 애쓰지 않아도 되는 힘이 내 안에 있다는 사실에 영감을 얻어 우리 모두 우주의 에너지장에 유영하듯 삶의 여정을 지속하기를 바란다.

차례

프롤로그 ⋯ 5

● ● ● ●
1부 우리는 너무 애쓰며 살아간다 ⋯ 13

1장 애쓰는 감정, 인생의 드라마: 부정적 감정의 에너지장 ⋯ 21
2장 생각 : 열심히 깨진 독에 물 붓는 내 인생 ⋯ 47
3장 행동 : 불편함을 느끼지 않는 즉각적인 보상을 행복으로 착각하다 ⋯ 79
4장 비전의 부재 ⋯ 95

● ● ● ●
2부 애쓰지 않아도 괜찮을까? ⋯ 107

1장 애쓰지 않을 수 있는 그 힘, 하이어 셀프란 무엇인가? ⋯ 113
2장 하이어 셀프: 어디에 있는가? 늘 그곳에 있다 ⋯ 139
4장 하이어 셀프 존재로 살아가는 삶은 어떤 모습일까? ⋯ 169

● ● ● ●
3부 내 안의 힘으로 살아가는 방법 : 내면 작업 ⋯ 185

R.A.I.N.B.O.W.
Step 1 Recognizing: 현재의 나를 직면하여 파악한다 ⋯ 198

R.A.I.N.B.O.W.
Step 2 Acclaiming _ (나의 반쪽) 하이어 셀프의 힘을 내 것으로 소유하고
        선언한다 ⋯ 204

R.A.I.N.B.O.W.

Step 3 Imprinting _ 갈망하는 것을 분명히 새긴다 … 211

R.A.I.N.B.O.W.

Step 4 Neatening _ 나의 마음의 정원에서 에고의 잡초를 뽑아낸다 … 220

R.A.I.N.B.O.W.

Step 5 Burying _ 잠재의식에 보물(의도)을 심는다 … 228

R.A.I.N.B.O.W.

Step 6 Obsessing _
목표와 의도에 온 마음과 온몸의 에너지를 집중한다 … 233

R.A.I.N.B.O.W.

Step 7 Willing _ 내어 맡기고 기꺼이 실행한다 … 239

에필로그 … 248

1부
우리는 너무 애쓰며 살아간다

애쓰며 사는 이유

코칭이란 새로운 커뮤니케이션 방식이 좋아 우연히 접한 이후 전문가로 활동하는 나는 인생을 고객으로부터 배운다. 대학의 학부생, 대학원(MBA) 과정의 사회인, 기업구성원, 학부모, 인생 2모작, 3모작을 그려보는 시니어, 이렇게 다양한 사람들과 대화를 하는 것이 나의 직업이다.

우리의 삶이 어떻게 진행되고 어디로 가는지 길이 보인다. 아무리 열심히 해도 올라갈 수 없는 나무라고 단정하고 하염없이 게으름으로 보상하고 있는 자신을 자책하는 고객에게서 나의 야망 가득했던 젊은 날을 본다. 회사의 중역으로 남고 싶지만 능력 있는 후배와 동료 사이 경쟁구도에서 성공하지 못했을 경우까지 예상하며 치열하게 애쓰고 괴로워하는 고객의 모습에서 이해하지 못했던 남편의 모습을 본다. 젊음을 바쳐 좋은 회사에 입사하고도 지속되는 능력 지향 게임에 적응하지 못한다고 자책하며 팀 내 혹은 팀 간 사이에 벌어지는 크고 작은 갈등으로 건강을 잃어가고 있는 고객의 모습에서 나의 자녀를 본다. 인생의 결실인 자녀가 성공적인 삶을 살도록 도와야 한다는 책임감과 노령의 부모에 대한 의무감까지 이미 환갑의 나이가 지났어도 삶의 무게가 점점 커지는 시니어들의 애환에서 나를 발견한다.

저마다의 삶에서 더는 그런 모습을 지속하고 싶지 않다고 결심하게 될 때, 마침내 나의 인생을 찾고 싶다고 결심할 때, 코칭이란 대화의 장에 초대된다. 이러한 다양한 삶 속 솔루션을 찾아가는 과정에서 우리 삶의 스토리는 시작도 끝도 없는 인생의 드라마와 같다.

요즘은 드라마 천국이다. 드라마를 통해서 인생을 배우라는 의도인지 넷플릭스까지 합세하여 다양한 콘텐츠가 쏟아진다. 배움은 딱 한 가지! 인생의 스토리에서 '나도 그래'라고 공감하는 것 외에는 없다. 드라마의 인물들이나 실제 삶에서 만나는 우리들이나 저마다 장애물과 역경에 부딪치면서 삶의 고난을 헤쳐가는 모습이 마치 치열한 전쟁을 치르는 것과 흡사하다. 애쓰며 살아가는 우리들의 모습이 너무 안쓰럽다. 과연 이 방식이 맞는 것일까?

테레사 수녀는 사람이 아무리 탁월한 사람이라도 자신의 내면에 잠재된 힘을 끌어내지 않는다면 그의 탁월함은 자신의 능력을 십분 발휘하지 못한 것이라고 표현했다. 우리가 노력해서 얻은 지식과 능력, 재능을 발휘해서 탁월함을 만든 것인데 내면의 잠재된 힘을 모른다고 어떻게 그 탁월함이 아무것도 아니라는 표현이 가능한지 궁금했다. 나중에 깨닫게 된 것인 즉, 우리 모두에게는 내면의 존재가 있는데 그 존재는 사랑할 수 있는 능력, 감동적인 아이디어를 분출하는 능력, 다른 사람이 본 것보다 더 큰 것을 보고 문제를 해결할 수 있는 능력을 가지고 있다는 것이다. 그냥 그렇게 완벽하고 온전한 우주의 전체성을 닮은 나의 한 부분이 이미 내 안에 존재한다는 것이다. 나는 이 존재를 살짝 경험한 후에 내 인생에 대해, 내 삶의 스토리에 대해 설레기 시작했다. 또한 내가 코칭이라는 대화 스킬에 매료된 이유였다. 당시에는 물론 알지 못했다.

코칭의 철학은 심리학의 기초를 세운 칼 로저스의 한 문장 "Human beings are naturally creative resourceful and whole"(모든 사람은 본성적으로 창의적이고 모든 문제를 해결할 수 있는 능력이 그 존재 안에 있고 완전하다)에 기반한다. 심리학에서 사람을 연구하기 시작했던 대전제이며, 코칭에서도 그 철학은 같다. 그러나 현실은 이 전제를 받아들이지 않았다. 심지어는 코칭에서도 코칭의 기본 철학인 이 전제를 잊어버리곤 한다. 즉 세상을 보는 방식과 인식은 치열하게 경쟁하여 탁월한 성과를 낸 사람만이 성공적인 삶을 살았다고 인정하고 트로피를 받을 자격이 있다는 패러다임 주변을 맴돌고 있다고 해도 과언이 아니다. 트로피가 중요하지 그 과정은 각자가 알아서 애쓰며 헤쳐가는 어떤 것으로 치부하고 그렇게 문제 삼지 않는다. 바로 이 부분이 우리 인생이 겪는 드라마의 소재거리다. 칼로저스가 정의한 인간의 본연은 이미 온전한 존재라는 사실을 우리의 잠재의식 심연에 묻어두기로 작정한 것이 모든 드라마의 소재거리를 제공한 이유라고 감히 말할 수 있다. 각자가 정의하는 성공의 깃발을 목적지에 도달하여 꽂기 전에도 우리는 이미 저마다의 탁월성을 지닌 온전한 존재라는 것을 까맣게 잊고 살았기 때문이다.

꿈과 비전을 향해 갈망이 일어나고 욕구가 생겨서 열정과 야망을 품고 인생을 살아가는 태도는 가장 훌륭하고 아름다운 모습이다. 이러한 갈망이 왜 드라마로 전락하고 말았을까? 문제는 우리에게 있는 두 종류의 마음을 몰랐다는 것이 가장 큰 이유이다. 두 종류의 마음 중에 한 가지 마음에만 의존하여 애써온 삶의 방식에 있다. 마음이란 심리학 용어로 마인드(Mind)이다. 두 종류의 마인드를 가장 오래된 베스트셀러 성경(The Scriptur)를 참고하여 설명한다면, 인간은 겉사람과 속사람의 두 가지 정체성을 모두 지닌 존재이다. 그 정체성에 따라 두 가지 마인드의 역동이 일어난다. 대부분의 사람들이 겉사람의 마인드를 진짜 자신의 전부로 인식하곤 한다.

이 두 가지의 역동, 다이나믹이 분리된 채로 우리의 삶에 지대한 영향을 미치고 있다. 종교, 심리학, 그리고 심지어 과학에서도 두 가지 마인드를 분리한 채로 사람을 이해하려고 하는 쏠림 현상이 지배해 왔다. 예를 들어 현대의 과학기술 혜택으로 뇌신경과학에서 전전두엽(PFC)의 마인드와 뇌간(Brain Stem)에 위치한 아미그달라(Amygdala)에서 비롯되는 마인드의 경로를 볼 수 있다. 여전히 분리된 모습을 보고 내가 어디에 있는지는 알 수 있으나 그다음 스텝을 알 수 없다. 우선 과학적으로 뇌기능은 우리에게 모두 필요하기 때문에 기능하고 있다는 것을 부인할 수 없다. 전전두엽의 기능이 창의적이고, 감정 조절이나 이상적인 의사결정과 같은 문제 해결을 제시하는 등의 역할을 한다고 해서 전전두엽의 기능만 좋은 것일까? 아무리 좋다는 것을 알아도 자신이 그 생각이 떠오르지 않는다는 것을 우리는 경험으로 알 수 있다. 생존의 뇌라 불리우는 아미그달라가 활성화된 상태에서 창의적인 생각이 떠오를 수 없다. 그 이유가 분리된 기능을 선택해야 하기 때문이다. 나라는 자신을 하나의 온전한 존재로 보는 통합적인 인식을 못하기 때문이다. (분리된 기능을 선택하는 것이 아니라, 생존기반의 행동을 하는 동시에 창의적인 아이디어가 떠오르는 두 가지 일을 동시에 할 수 있게 된다.)

그 통합적인 인식을 하는 주체가 바로 속사람이다. 속사람을 무엇이라고 부를까? 바로 영(Spirit)이다. 내면의 존재이다. 내면의 존재가 주인이 되어 내 삶을 운전해 간다면 나는 단연코 성장한다. 나의 겉사람도 자라날 것으로 확신한다. 그의 이름을 하이어 셀프(Higher Self)라 하고 싶다.

다시 말하면 우리 몸 안에는 이렇게 무한하고 다양한 마인드가 공존한다는 것을 우리 자신이 볼 수 있는 존재이다. 그럼에도 불구하고 우리는 여전히 생존경쟁의 패러다임 안에서 아미그달라의 기능에만 의존하여 투쟁하며 애쓰는 삶의 드라마에 갇혀 있다.

몇몇 사례를 통해 내면의 존재가 갖고 있는 힘을 모른 채 애쓰고 투쟁하는 모습을 소개할 것인데 구체적인 내용보다 어떤 환경과 상황에서 드라마가 야기되는지, 왜 다양한 종류의 드라마에 빠져들게 되는지에 역점을 두고 살펴보기 바란다.

1장

애쓰는 감정, 인생의 드라마:
부정적 감정의 에너지장

나는 주로 어떤 스토리로 살고 있나?

완벽한 엄친아, 엄친딸들이 SNS에 공유되면서 원하지 않아도 관련 정보가 자동으로 입력된다. 늘 무의식적으로 자신의 이미지와 비교하고 상대적인 결핍을 느낀다. 겉으로 보기에 완벽한 그들의 삶에 근접하기 위해 보이는 삶을 흉내 내기 급급하다. 혹은 개개인 저마다의 고유성과 특질은 아랑곳하지 않고 그들과 같은 목표를 설정하고 같은 결과를 획득하려고 애쓰며 필사의 노력을 한다. 목적지를 잊은 채로 열심히 말을 타고 달리며 점점 그곳과 멀어져 가는 모습을 보면 고사성어 남원북철(南轅北轍)이 떠오른다.

이렇게 인생의 드라마는 내가 아닌 곳에서 나를 찾으려고 애쓰는 삶에서 시작된다. 나는 몰랐다. 내 안의 심연에 있는 반쪽의 나(속사람)와 통합될 때 내 머릿속에 신명 나는 폭풍우가 휘몰아친다는 것을. 그저 여러 가지 결핍의 상황에서 벗어나려고 절박하고 나름 치열한 게임을 열심히 해나갈 뿐이었다. 나의 드라마는 그렇게 시작되었다. 내면의 존재가 지닌 그 온전함에서 오는 안정과 만족과는 완전히 분리되어 있었기 때문에, 반쪽의 나의 감정은 주로 불편하고 불안하고 불만족스러웠다. 결핍의 삶에서 나름 풍요를 찾겠다고 선택한 것이 결국 나의 늦깎이 공부였다. 아무리 나아지려고 노력했지만, 결핍은 늘 따라다녔다. 그 이유를 몰랐다.

우리 인생의 주된 스토리는 어떤 감정과 그 감정에 따른 생각과 의식으로 펼쳐지는지, 그리고 그에 따른 결과치가 인생의 드라마와 어떻게 연결되어 있는지를 분석한 학자를 만났다. 그의 분석을 토대로 나와 내 고객 삶의 스토리를 분류하여 출구를 찾을 수 있었다.

데이비드 호킨스는 노벨상 수상자인 라이너스 폴링과 함께 영적으로 진화한 상태와 의식을 연구하여 내면 존재의 특성에 대해 과학적으로 설명하는 영성 간행물을 펴냈다. 에고적(자기중심적) 자아와 구분되는 영적인 자아는 어떠한 의식 상태인지 분별하고 인간의 궁극적인 목적인 기쁨과 행복의 상태로 진화해 가는 '의식혁명'의 방법론을 소개했다. 데이비드 박사가 정신과학을 다루는 전문의로서 40여 년간 수만 명의 고객 상담을 기반으로 한 연구 결과이다. 호킨스 박사의 의식혁명 연구는 내가 리더십 코칭을 훈련하고 트레이닝하기 위해 수학한 심리학, 감성지능(Emotional Intelligence), 신경과학(Neuroscience), 대인관계신경생물학(Interpersonal Neurobiology) 등의 학문과 일치한다.

데이비드 박사의 연구는 감정에서 나오는 에너지를 밝기와 주파수로 측정할 수 있어 감정이 어떠한 모습으로 삶에 드러나는지를 객관화할 수 있는 도구로 사용할 수 있다.

데이비드 박사 연구팀은 의식의 밝기를 룩스(Lux)값으로 측정하였다. 200룩스에서 1천 룩스 밝기의 의식은 용기, 중용, 자발성, 수용(포용), 이성, 사랑, 기쁨, 평화, 깨달음의 의식 상태로 내 안에서 전체와 연결된 감정을 느끼는 의식이다. 나와 너의 관계에서 나와 우리의 관계에서 분리를 느끼지 않고 연결되었다는 것을 아는 긍정적인 전체의식이다. 뇌과학으로 묘사하면 뇌의 상위시스템이 활성화되어, 특히 전전두엽(PFC) 주변에 혈류가 모여 에너지가 집중된 상태이다.

반면에 사람의 신체기능을 약하게 만드는 부정적 에너지는 20룩스에서 175룩스 사이의 어둠에 가까운 밝기다. 분열과 갈등을 일으키는 부정적 의식으로 칭하였으며 이에 해당하는 의식은 자존심(자만심), 분노, 욕망, 두려움, 슬픔, 무기력, 죄의식, 수치심 상태로 구분하였다. 심리학에서는 이러한 의식 상태는 주로 자기중심적 의식으로 에고 상태로 칭한다. 뇌과학에서는 주로 무의식적 운영체계로 뇌 간에 위치한 아미그달라와 습관적 패턴의 보상시스템인 기저핵의 기능에 해당한다.

코칭의 관점에서 독자 여러분도 자신의 감정을 객관화할 수 있도록 쉽고 간단한 도구로 재해석하였다. 인간의 의식수준을 0에서 1천 룩스(Lux)로 측정하여, 의식이란 추상적인 개념을 실용적 언어로 구체화할 수 있다. 0에서 200 사이의 밝기는 자기중심적 자아의 의식 상태에서 느끼는 감정과 이에 따른 생각과 행동은 무의식의 시스템에서 감정 중추로 빠르게 퍼져간다. 이는 1천 분의 1초에서 1만 분의 1초에 해당하는, 빛의 속도보다 빠르게 해당 시스템을 자극하므로 우리는 의식하지 못한다.

잠재의식과 무의식은 태어나면서 7-8세까지 부모로부터, 사회로부터 집단의식으로 양육된 프로그래밍으로 조건화된 패턴에 가까워진 삶의 방식에 해당된다. 대부분 우리는 알지도 못한 채로 자신의 뇌에 깔린 프로그램에 따라 저마다 세상을 바라보는 방식이 생겨난다. 이것을 심리학에서는 패러다임이라 칭한다. 불행하고 안타깝게도 나를 포함하여 대부분의 사람들에게 내장된 프로그램은 거의 부정적인 감정에 해당된다. 깊은 내면에 전체성(wholeness)과 맞닿아 있는 속사람의 전체의식이 있다는 것을 전혀 알지 못한 채로 살아왔다. 속사람의 정체를 채굴해 내기 전까지는 말이다. 자신에게 힘을 주는 온전한 의식이 존재한다는 것을 성인이 되어도 누구도 알려주지 않았다. 그저 잠재력을 발휘하라는 강요와 같은 격려를 받았을 뿐이다. 내가 누구인지 어디에 있는지 정확히 파악하지 못한 채로 열심히 살려는 노력은 너무 힘들었다.

본 도서를 집필하기로 마음을 굳힌 이유가 바로 내가 다시 일어선 경험을 지식과 그 지식을 스스로 경험하는 테크닉을 소개하기 위해서이다. 그 단초를 제공했던 것이 2021년 나의 전문 코칭 실력을 인정받는 시험인(MCC, Master Certified Coach) 준비 기간에 고민했던 부분이다. 바로 인간의 존재에 대한 질문들이다. 철학자 심리학자 종교학자 영성가 심지어는 신경전문의 물리학자에 이르기까지 전문가들이 말하는 인간의 존재에 대해 탐색하기 시작했다.

그리고 얻은 결과는 흔히 비교할 수 있는 표현으로 "before & after"로 나의 삶을 구분할 수 있다. 그전에는 나는 완전히 자기중심적인 어둠에 가까운 삶 안에서 애쓰며 바둥거리며 버텨왔다. 이러한 삶을 객관적으로 묘사하는 것이 데이비드 박사가 말하는 200이하의 밝기로 주로 자기중심적인 의식이다.

이러한 의식의 상태에서 삶의 경험으로 느끼는 감정은 주로 자존심,

자만의 마음, 분노, 자기중심적인 욕망, 꿈과 비전, 때때로의 두려움, 슬픔, 무기력, 죄의식, 수치심에 해당한다. 하트매스(Heart Math) 연구기관에 따르면, 이때 분비되는 호르몬은 과다한 코르티솔과 아드레날린과 무려 1,400여 가지의 해로운 신경전달물질이 방출된다. 자신을 중심으로 사는 개별의식 관점에서는 '나는 생존해야 한다'는 패턴으로 반응하기 때문에 이런 상태에서 방출되는 에너지를 어둠으로 표현한다. 생존의 의식 상태가 잘못되었다는 것은 아니다. 우리의 몸이 태어나서 성인으로 성장하듯이 의식도 성장해야 하는데 자기중심적인 의식에서 습관이 되고 자동화된 무의식의 패턴은 그 상태의 의식과 감정으로 반응하는 삶이 전부로 알고 살아간다는 것이 문제이다. 만약 이렇게 자동화된 삶의 패턴이 전부인 것으로 살다가 인생이 끝이 난다면 어떨지 생각만 해도 슬퍼진다. 그야말로 자신의 복권이 당첨된 것을 새까맣게 잊어버린 채로 그 복을 꺼내서 쓰지도 못하고 애만 쓰고 끝나는 모습 아닐까!

    이와는 정반대의 의식이 우리 내면에 공존한다. 200~500 이상 밝기를 발산하는 에너지는 더 큰 내적 평화, 조화의 감정으로 표현한다. 이러한 감정이 느껴지면 뇌에서는 뇌 신경전달물질인 엔도르핀, 세로토닌, 옥시토신 등의 호르몬을 방출된다. 그 이상의 정화된 의식과 감정은 540으로 측정되는 무조건적인 사랑을 갖는 속사람의 의식이다. 이러한 의식에서 나오는 감정은 기쁨과 희열을 나타내며 지속적인 내적 평화에 이른다. 이때 분비되는 호르몬은 DHEA로서 노화방지, 면역강화, 뇌세포 증진을 일으키는 우리 신체 내 신진대사에 필요한 대사물질들이

내용		의식의 밝기 (Lux)	의식의 상태 (Level)	감정 상태 (Emotion)	행동 (Action)
긍정적 의식 / 전체 의식 신뢰와 조화 / 비전 일체화		700–1000	깨달음	언어 이전	순수 의식
		600	평화	하나/축복	인류 공헌
		540	기쁨	감사/고요함	축복
		500	사랑	존경	공존
Power 사람에게 힘을 주는 긍적적인 에너지		400	이성	이해	통찰력
		350	수용/포용	책임감	용서
		310	자발성	낙관	친절
		250	중립/중용	신뢰	유연함
		200	용기	긍정	힘을 주는
Force 사람을 약하게 만드는 부정적인 에너지		175	자존심/자만심	경멸	과장
		150	분노	미움	공격
		125	욕망	갈망	집착
		100	두려움	근심	회피
부정적 의식/개별 의식 조화 부재/분열과 갈등		75	슬픔	후회	낙담
		50	무기력	절망	포기
		30	죄의식	비난	학대
		20	수치심	굴욕	잔임함

의식혁명 : 데이비드 호킨스

다. 600 이상의 에너지는 자신 안에서 파워를 느끼며 애쓰지 않아도 되는 전체성과 하나가 되는 온전한 의식 상태로 분류한다.

이 분류표로 자신의 주된 스토리는 어디에 있는지 간단히 객관적으로 평가할 수 있어서 좋다. 홉킨스 박사의 분류표를 보고 나의 스토리가 보여서 많이 울었던 기억이 난다. 그렇게 노력하는 나의 삶을 관통했던 의식은 수치심에서 시작한 슬픔이 욕망을 낳고 좌절하면서 분노하고 이따금 이루어 낸 성과에 자존심과 자만심을 가지고 애써왔던 삶이 보였기 때문이다. 그 모습이 파노라마처럼 떠올랐다. 이따금 용기 내어 리셋하고 목표를 세우며 나아갈 때 내면의 어떤 힘을 느낄 때도 있었다. 늘 바닥을 치고 다시금 반등했다 리셋해야 하는 삶의 패턴에 포기하지 않고 오뚝이처럼 일어나는 내 모습이 보였다. 안쓰러웠다.

그리고 느낀 점은 더 이상은 리셋하는 패턴을 반복하고 싶지 않은, 전혀 다른 종류의 갈망이 나를 부르고 있음을 느낄 수 있었다. 애쓰지 않아도 되는 힘이 내 안에도 있다는 그 존재의 힘을 알아차려 버리고 만 순간일 것이다. 그 존재는 나를 휩싸고 회오리를 일으켰다.

이 시대의 긍정적인 영향력을 미치는 영성학자이자 저자인 에카르트 톨레의 사람이란 단어 'Human Being'을 두 가지 존재로 설명한 것이 흥미롭다. Human이란 육체적 존재와 Being이란 영적인 존재로, 이 두 존재가 함께할 때 비로소 인간다움이 완성된다는 것이다. 두 종류의 다른 에너지가 서로를 알아차릴 때 비로소 나인 것이다. 사람 인(人) 한자에서도 보듯 내 안의 두 개의 특성이 서로 어우러질 때 비로소 사람이 완성되는 것처럼 말이다.

바로 속사람의 본질인 내면의 존재인 Being이 육체와 통합하여 온전한 존재로 살아가는 모습일 것이다. 그러나 우리는 어떻게 살아왔나? 절반만 가지고 부단히도 애쓰고 힘겹게 살아가는 모습이 아닐까? 나의 절반인 다른 존재의 힘에 다가서야 한다. 그 절반의 존재는 그냥 절반이 아닌 것이다. 앞에서 소개했듯이 마더 테레사는 내 안에 존재하는 나의 일부인 내면의 존재는 그냥 반이 아니다. 모든 닫힌 문을 열어줄 열쇠를 가지고 있는 존재이다. 이 열쇠를 선물로 받으려면 그 길을 알아야 한다. 3부에서 구체적으로 안내할 것을 약속한다.

조직은 주로 어떤 스토리로 운영되고 있나?

뿐만 아니라 조직심리학자 피터 셍게는 영적인 존재를 온전하게 내 안에 있는 프레즌스(Presence)라고 설명한다. 건강한 조직문화로 지속성장하지 못하는 이유를 구성원의 존재적 에너지가 부재하기 때문이라고 일갈하기도 했다. 건강한 조직의 핵심은 조직구성 개개인이 내면의 존재와 통합할 때 가능하다고 강조한 바 있다. 조직에 코칭을 성공적으로 도입한 피터 호킨스 교수는 탁월한 조직성과와 건강한 조직문화를 위해서는 개인 중심의 의식에서 전체 시스템 의식으로 확장해야 한다고 강조한다. 그의 핵심은 개인의식이 어떻게 전체의식으로 확장되는지 연구해왔고 그 연구결과를 코칭이란 방식으로 전하고 있다. 그 해답은 '눈'이다. 조직환경에서 이전에는 감독관의 눈이 지켜볼 때 구성원은 최선을 다한다고 여겨왔다. 조직환경에서 지금의 '눈'은 의식이다. 모든 사람의 내면에 존재하는 완벽하고 온전한 의식(Consciousness)을 '눈'이라는 상징적인 표현으로 조직의 전체 시스템을 관찰하도록 하는 것이다. 조직 시스템을 정체된 것이 아니라 늘 살아서 움직이는 유기체로 볼 때 관찰하는 '눈', 온전한 의식이 조직 현장에 필요하다는 것이다. 호킨스 교수가 팀과 조직을 위해 40여 년간 리더십과 코칭 도구를 사용해 왔지만 조직 시스템에 영성의 존재를 방법론으로 소개한 것은 2025 기준 불과 1, 2년 전이다. 코로나 이후에 본격적으로 강력한 도구의 테크닉을 소개하기 시작했다. 나는 피터 홉킨스의 접근에 매료되어 영성을 바탕으로 하는 시스템적 팀 코칭을 훈련받고 조직에서도 인간의 내면에 깃든 존재의 힘을 깨우고 개발하는 지금까지 경험하지 못했던 활동을 시작했다.

대부분의 사람이 둘러싼 환경과 세상을 향해 "왜 나에게 이런 일이 자꾸 벌어지는 거야?"라고 항변하면서도, 동시에 너무 애쓰고 살아가며 심지어 인생은 고통스러운 것이 당연하다 생각하고 견디는 이유를 알아야 한다.

가장 큰 이유는 무의식으로 오랜 시간 습관화된 패턴과 관성으로, 이러한 자기중심적 의식의 힘으로는 스스로 어두운 밝기의 에너지를 뚫고 그 길로 들어갈 수 없다. 내면의 존재에 불을 켜야만 이 빛이 드러나고 어두워서 보이지 않던 것이 명료해질 수 있다. 내면의 존재 의식에 의존할 때, 온전한 나는 겉사람과 함께 의식의 주파수가 점점 더 높아질 것이다. 내면의 존재의 본성을 이해하고 이를 자신의 일부로 받아들이면, 자기중심적 의식은 속사람의 순수의식과 조화를 이루어 점점 성장할 것이다. 그래서 나는 내면의 위대한 나의 존재를 "하이어 셀프(Higher Self)"로 명명하였다.

우선 우리의 어두운 밝기의 에너지에서 나오는 감정들은 어떠한 모습인지 잘 관찰할 필요가 있다. As-is를 정확히 모른다면 To-be로 갈 수 없듯이 말이다. 수많은 드라마의 소재가 무엇인가? 바로 200 이하의 어두운 밝기에서 방출하는 에너지의 감정과 생각과 의식이다. 끝도 시작도 없는 인생의 드라마는 TV 속에 나오는, 넷플릭스에 나오는 모습과 다르지 않다. 몇 달을 건너뛰고 시청해도 줄거리가 예측 가능한 이유가 같은 수준에서 나오는 결과물이기 때문일 것이다.

세계보건기구(WHO)가 말하는 현대인의 질병

의료전문가 그룹 리더십 강의를 한 경험을 바탕으로 의예과 학생들에게 리더십 강의를 진행했다. 의료전문가들이 국내외 모두 동의하는 한 가지 사실이 있다. 현대인의 질병은 90% 이상이 심리적 또는 정서적 스트레스 때문이라는 사실이다. 그리고 실제로 건강 상태가 좋지 않은 것은 대부분 스트레스가 유발하는 감정으로 몸에 독소가 쌓이기 때문이라는 사실에도 동의한다. 이러한 사실을 익히 알고 있는 의료전문가 그리고 의예과 학생들이 가장 어렵다고 뽑은 리더십 역량이 자신의 감정 조절이었다.

스트레스 호르몬과 관련된 감정은 분노, 증오, 폭력, 좌절, 경쟁, 통제, 판단, 부러움, 질투, 불안, 걱정, 불만, 절망, 무력감, 죄책감, 수치심 등이 있다. 심리학에서는 이러한 감정 상태가 인간의 정상적인 의식 상태라고 하지만 나는 동의할 수 없다. 사회가 만들어 낸 현상과 증상으로 변화된 무의식적 의식 상태라고 본다. 이러한 무의식적 의식 상태는 외부 환경과 주변 사람에 대한 반응뿐만 아니라, 자기 생각에 대한 반응에도 영향을 미친다. 주로 자신이 후회하게 될 행동을 야기하는 반응을 촉발하므로 시간이 지나면서 질병을 야기한다. 심지어는 미래에 일어날 수 있는 일에 대한 생각과 과거에 대한 기억으로 떠오르는 생각에까지 반응하여 행동을 야기하곤 한다. 실제로 지금 자신이 그러한 환경에서 경험하고 있다는 착각을 실제처럼 경험하는 것으로 여기기 때문에 경험할 때 분비되는 해로운 독성물질을 뇌하수체에서 방출해버린다. 이쯤 되면 질병의 90%가 스트레스로 인한 감정 조절 기능 문제라는 것을 사실로 받아들이게 된다.

자존심은 나의 버팀목 〈에너지 수준 175〉

승진 및 조직 발령에서 원하지 않았던 결과를 접하고 몹시 자존심이 상했던 고객의 이야기다. 자존심에 생채기 난 모습을 들키기 싫어서 꽤나 의연한 척을 했다. 갑작스러운 조직 변경과 그에 따른 여러 작용으로 오랫동안 함께 일해왔고 의지하던 많은 동료들의 이동을 지켜봐야 했고, 고객 자신도 원하는 업무에서 배제되는 경험을 한 이후 냉소적인 자신의 모습을 관찰할 수 있었다고 한다. 표면적으로는 그렇지 않은 표정과 말투로 이야기하지만, 조직생활에서 관계를 형성하는 데 있어 업무로 엮이게 되는 새로운 사람에게 먼저 경계심이 작동되곤 했다는 것이다. 심지어는 불필요하게 경계 이상의 경멸적 태도로 자신의 자존심을 지켜왔다고 한다. 그냥 자존심을 내세워 괜찮은 척하는 것이 자신을 지킨다고 믿었다.

코칭 대화의 핵심, 자신의 존재가 부정당할 정도의 상처에 관한 이야기를 시작했다. 입사 이후에 최선을 다하며 직장생활을 했지만 상사의 오만과 편견의 대상이 된 이후에 마음의 문을 닫았던 것 같다. 예전에는 사람을 판단할 때 직관적으로 상대의 인간적인 면을 먼저 느낄 수 있었는데 자존심을 다치는 일이 반복되면서 모든 상황이나 관계를 데이터로만 확인하고 대인 관계에서 진정한 태도로 참여하지 않는 자신의 패턴을 발견하였다. 그리고 오랜 시간 사회생활을 하면서 어쩔 수 없이 사용했던 자신을 지켜준 사회적 스킬이 자존심이란 옷이었다는 것을 알 수 있었다. 마치 공기를 가득 채운 풍선의 팽팽한 긴장감에 가슴이 편안한 적이 없었다는 것을 새삼 느끼게 되었다. 자신을 무시하는 상사의 태도가 늘 가슴에 새겨져 있어서 그 에너지를 물리칠 수 있는 자존심이 필요했다. 신기하게도 이러한 대화를 나누면서 고객은 아픈 자신의 모습을 관찰하면서 꼬여 있던 감정과 에너지가 풀리듯이 가슴에 조이고 있던 긴장감이 느슨해지는 것을 느낄 수 있었다.

자존심은 삶의 행진을 계속할 수 있는 버팀목 구실을 하고 좋은 덕목으로 평가받으며 사회적으로 권장되고 있다. 그러나 도표에서 보는 바와 같이 자존심은 분기점인 200을 훨씬 밑도는 수준이다. 자존심의 팽만은 추락하기 일보 직전을 말한다. 과한 자존심은 방어적이고 약점을 들키지 않으려고 상대를 무시한다. 상사의 평가나 간접적인 무시에 대해 용기 있게 그것이 무엇인지 평가해보려고 하지 않는 것이다. 자신을 지키는 것이 생존에 우선순위였을 것이다. 단기적으로 말이다.

그러나 장기적인 안목으로 보자면, 자존심이란 외부 조건에 의존해서 생기는 것이며 또 외부 조건이 사라지면, 즉 상사가 없으면 언제나 낮은 의식 수준으로 돌아갈 수 있다. 낮은 의식은 오만 혹은 자만심이다. 평가나 상대의 피드백을 두려워한다. 그래서 스스로 잘났다고 여겨야 버틸 수 있다. 그 당시에는 자신을 보호하는 기제(메커니즘)였을 것이다. 그러나 이러한 생존 의식은 성장을 스스로 차단한다. 자존심에 매몰된 사람은 자신의 성품이 가진 약점을 아직 직면하지 않았기 때문이다. 자존심은 진정한 성장과 명예를 안겨줄 수 있는 참된 내면의 힘을 가로막는 커다란 장애물이다.

분노는 나의 힘 〈에너지 수준 150〉

코칭 고객 중 여성 임원이 있다. 평소에 적극성과 민첩한 행동으로 사회생활에서 큰 인정을 받았고 자랑스러워했다. 이 고객이 열심히 최선을 다할 수 있는 동력은 분노인데, 그 점이 흥미롭다. 분노의 원천은 바로 남편의 밥상머리 투정이기 때문이다. 가정에 완벽한 현모양처 역할을 한 시어머니가 등장할 때마다 일과 삶에 대한 열정은 분노로 전환되는 것을 알게 되었다. 문제는 남편을 사랑하는 나의 고객은 자신도 모르게 죄책감을 뿌리내리고 살았던 것이다. 자신이 잘하는 직장생활과 의무감으로 해야 하는 집안일 사이의 충돌이 일어날 때마다 분노가 치미는 것을 느끼거나, 때로는 순한 양이 되어 자신의 털을 모두 깎아서 남편을 따뜻하게 해주는 행동을 반복해왔고 이제 변화가 필요하다는 것을 인식했다.

고객과 함께 주목한 것은 시어머니 이야기를 할 때마다 긴장되고 경직되는 몸의 감각이었다. 몸이 갑자기 무거운 갑옷을 입은 듯하고, 심장이 수축되는 느낌이 들고 사랑하는 남편은 눈에 들어오지 않았다. '나는 왜 굳이 이렇게까지 치열하게 살아야 하는가'라는 의문을 던졌다. 고객은 열정이 분노로 바뀌는 순간에 몸의 감각에 주목했고 자신의 내면에 직면할 수 있었다. 지나친 열정이 분노로 바뀐다는 것이 흥미로웠다. 단지 자신을 잔 다르크와 같은 여전사로 여기고 행진하다가 지칠 때 올라오는 감정으로 주변 사람들이 당연시하는 서비스 도구로 전락할 때 화가 난다는 것을 알아차렸다.

지금까지 치열하게 최선을 다한 자신이 보였다. 자신을 먼저 알아주고 고마워하고 안아주었다. 그리고 자신의 긴장된 몸, 답답한 가슴이 자기에게 무엇을 말하려고 하는지 느꼈다. 시어머니와 다른 점을 부족한 점으로 여기고 그것이 죄책감으로 뿌리내리면서 그 감정이 상쇄될 만큼 열심히 달려야 했던 자신을 한참 보듬어 주었다. 신기한 것은 코칭 이후에 남편의 의견이 더는 비난으로 들리지 않는다는 것이다. 무조건 자신이 해야 하는 일로 느껴지지도 않는다고 한다. 자신의 내면과 대화를 할 수 있게 됐을 때 남편과의 대화에 오류가 생기지 않는다고 전했다.

고객의 분노는 일과 삶의 균형을 맞추느라 부단히 노력해 온 자신이 시어머니와 비교당하는 좌절감에서 생겨났다. 좌절은 잘 해내려는 지나친 욕망에서 온다. 잔 다르크라는 여전사의 이미지를 지향점으로 하는 더욱 큰 욕망으로 달려왔다. 고객의 사례처럼 분노는 욕망이란 이름으로 억압된 자신을 해방시키는 분기점이 될 수도 있다.

더 나아가서는 사회적 부조리와 불평등은 분노를 유발하고 그것이 사회구조의 대변혁을 가져온 혁명이나 사회운동으로 발전된 경우가 적지 않다. 그러나 분노의 감정을 해결하지 않고 무시하고 지나쳐 버리면, 증오로 전환되기 쉽고, 증오는 한 개인의 삶 전체를 부식시키는 역효과를 낳는다. 분노하는 감정을 표현하고 이유를 알아차리지 않을 때 흔히 분개나 복수로 표현되고 따라서 억누르는 분노는 폭발적이고 위험하다.

두려움으로 겪는 여러 가지 장애 〈에너지 수준 100〉

코로나 시기를 겪으면서 지구촌 시민들 모두가 막연한 두려움을 겪어야 했다. 일단 코로나에 감염되면 회사를 그만두어야 할지도 모른다는 불안감을 안고 살았다. 특히 연장자들은 회사에서의 퇴직에 대한 압박과 미래에 대한 불안감 그리고, 노년 생활이 불우해지지 않을까 하는 임박한 두려움과 함께 가족 부양에 대한 책임감으로 더욱 힘들어했다. 이러한 불안은 단지 생각만으로는 통제할 수 없는 강력한 사회적 관성이 있다. 사람을 만나는 것이 두려워지고, 앉을 수도 누울 수도 가만히 서 있기도 힘들 정도의 고통이 있다고 토로하는 고객이 있었다. 머리가 깨질 듯이 아픈 만성 두통으로 병원에서 처방한 약이 효과가 없을 때 코칭 대화를 대체재로 여기고 시작했다.

모든 문제 안에는 해결책도 들어 있다고 했던가?

미켈란젤로가 다비드상을 조각하기 전에 다른 조각가들은 너무 커서 재료로 부적절하다고 여겨 폐기되어 방치된 5미터가 넘는 엄청나게 큰 대리석을 들여다보았기 때문에 마스터피스(걸작) 탄생이 가능했다. 그렇다! 문제라고 생각하는 모든 상태는 그 나름의 역할이 있다. 문제의 코끼리, 덩치만 큰 대리석이 어떻게 인류의 걸작인 다비드상으로 탄생할 수 있었을까? 우선 물리학의 관점에서 열역학 제1법칙은 모든 에너지는 상태를 바꾸는 것이지 새롭게 생겨나는 것이 아니라고 한다. 마찬가지로 문제의 대리석은 훌륭한 조각으로 바뀌었다. 미켈란젤로는 이렇게 말했다. "I saw the angel in the marble and carved until I set him free."(나는 대리석 속에서 천사를 보았고 그를 자유롭게 할 때까지 조각했다.) 그는 불필요한 부분을 조각칼로 모두 거두어 냈을 때 다비드가 살아났다고 했다. 매우 의미심장한 말이라는 것을 이제 알게 되었다. 우리 내면의 존재도 겉사람의 불필요한 애씀과 노력과 행동과 가면들을 모두 거둬 냈을 때 각 사람의 마스터피스인 온전한 존재가 드러난다는 것을 말이다.

갑자기 밝은 에너지가 생겨나서 나를 이끌어 주는 것이 아니다. 에너지의 형태는 바뀌지만 에너지는 보존되는 원리다. 즉 물에서 얼음이 되고 수증기 기체로 변하듯이 우리 신체의 에너지도 다양한 의식에서 감정과 생각으로 변환되는 것이다.

걱정과 근심으로 삶에서 달아나고 싶었던 고객이 두려운 상태를 어떻게 돌파할 수 있었을까? 핵심은 100룩스의 어두침침한 에너지를 직면하는 데 있었다.

두려움의 상태에서 걱정과 근심이 가득한 감정을 들여다본들 무엇이 있을까 싶었을 것이다. 나를 깨어나게 할 동기를 우선 제공한 점이다. 왜냐하면 감정이란 단어(emotion)는 e-motion으로서 에너지가 움직여 어떤 행동을 하려는 모멘텀의 순간이다. 이 순간을 제공했다는 점에서 무조건 모든 감정은 인정받아야 한다. 문제는 어떤 행동을 위해 이 에너지를 쓸 것인가는 오로지 자기 자신의 몫, 즉 조각가의 몫인 것이다. 그 선택을 하기 위해서는 정확한 평가가 중요하다. 이러한 두려움이 왜 생겨났는지 이해하고 관찰해야 한다. 이 감정을 그대로 누르거나 회피할 때 그 에너지는 어디로 가는 것이 아니다. 다시금 나에게로 찾아와 더 큰 걱정과 두려움을 퍼트린다. 이 상태를 코치와 함께 살펴보는 것이 중요하다. 그 과정에서 자신과 직장생활을 정직하게 살펴봄으로써 두려움의 90% 이상은 자신이 만들어 낸 망상이라는 것을 포착하게 되었다. 이전에도 유사한 두려움과 걱정이 있었지만 실제로 발생했던 확률은 5%도 되지 않는다는 것을 확인했다. 고객과의 대화 중에 놀라웠던 것은 대부분의 사람들이 만남을 줄이고 사회적 거리를 두면서 느꼈던 고립감이 타인도 마찬가지일 것이라는 생각보다 자신만의 문제로 받아들인다는 점이다. 근심과 걱정은 코로나 바이러스와 마찬가지로 마치 바이러스가 숙주를 찾아 확산하듯이 생각은 이내 감정이란 에너지로 들어가 뿌리를 내리는 것 같았다. 이 감정 에너지는 해당하는 에너지 밝기의 행동으로 이어진다. 고객이 했던 행동은 주로 회피였다.

　코로나를 경험하는 과정에서 우리가 느끼는 두려움은 당연하다. 사회의 집단적인 두려움은 생존해야 하는 인간행동의 근본적인 동기가 된다. 핵심은 두려움에 오래 머물면 강박관념이 되어 여러 가지 형태로 번져간다. 질병으로 퇴출될 수 있다는 노년의 최악의 시나리오를 떠올리고, 사랑하는 사람과의 관계가 끝날 수도 있다는 두려움으로 확장되는 등 만성 스트레스를 초래한다. 두려움은 전염성이 있어 사회 전체를 지배할 수도 있다. 당연히 개인의 성장을 제한하고 억압한다.

　코칭 이후 고객은 두려움이 습관처럼 느껴질 때 달아나기보다는 먼저 감정을 느낄 수 있다는 것에 감사하는 것부터 시작했다. 미켈란젤로가 되어 문제의 커다란 대리석 안에 갇힌 것이 무엇인지, 어떤 천사가 나오려는지 고민해 보고 묵묵히 자신의 불필요한 생각이나 행동들을 조각칼로 덜어내는 작업을 할 수 있다는 신념을 갖게 되었다.

배신감에서 온 슬픔으로 나를 잃어버리다 〈에너지 수준 75〉

　HR 부서에서 자신의 팀과 함께 중요한 사업을 이끌던 때 받았던 상처를, 씻어냈다고 생각할 때마다 다시 고개 드는 망상으로 괴로워했던 고객의 이야기다. 오래전에 겪었던 팀원의 배신으로 받았던 트라우마에서 완전히 벗어나고 싶어 시작했다. 고객은 오래전 일이고 이제 정리되었다고 생각했는데 이따금 유사한 상황에 맞닥뜨리면 아직도 몸이 긴장하고 반응한다는 것을 느꼈다. 긴장을 넘어서 아예 그 상황과 유사한 사람을 만날 때마다 무의식적으로 회피하고 거부하는 자신과 직면해야 했다.

　오래전 다국적 기업의 HR 부서장으로 있을 때 인사팀장과 팀원들 사이의 큰 싸움에 휘말린 기억을 떠올렸다. 팀원들이 담합해서 입사한 지 얼마 되지 않은 팀장을 내보내려고 단체 행동을 했다. 팀원들이 업무를 거부하고 집단으로 휴가를 사용하고 사소한 부딪침으로 결국 팀원이 팀장을 대상으로 서로 고소 고발로 이어져 회사의 이슈가 되었다. HR 헤드로서 고객은 막중한 책임을 느끼고 중재자로서 인사팀의 팀장 퇴사를 막기로 결정했다. 그렇게 중재 역할을 하던 자신이 갑자기 싸움의 원인이 되어 있다는 것을 알게 되었다.

　공격은 마치 화살처럼 쏟아졌고 무언가를 해결하려고 하면 할수록 일은 점점 꼬여갔고 고객은 무능한 상사로 전락해 가고 있었다. 그는 조직 문화를 관장해야 함에도 팀 관리조차 못 하는 무능한 부서장으로 전락했다고 한다. 사람을 뽑는 책임자가 팀장이든, 팀원이든 제대로 쓰지 못하는 바보가 되어 있었다. 익명 게시판에 부서 이야기가 올라오고 사실과 다른 해석이 난무했다. 항변을 해도 누워서 침 뱉기 같은 상황에서 더는 무엇을 할 수 없었다고 한다. 고개 들고 출근하기 어려웠고, 10년 넘게 해온 회사 일을 생각하면 몸이 아프고 그저 눈물이 흘렀다. 회사에 더는 다닐 수 없을 것 같았다. 스트레스로 숨이 막혔다. 지금까지 노력한 삶이 모두 물거품이 되고, 사람들이 없는 곳에 혼자 틀어박혀 살아야 할 것 같은 공포가 몰려왔다.

코칭의 진짜 이슈는 이제부터다. 이 사건이 발생한 지 10년이 지났다. 지금은 회사를 옮겨 국내 중견 기업의 인사부장이다. 10년 만에 데자뷔를 직면하게 되었다. 인사부 팀원과 팀장의 불화가 일어났다. 고객은 자신이 겪었던 사건을 그대로 재생해서 해석하고 있었다.

우리는 코칭 과정에서 몸에 저장되었던 배신감과 무력감 분노 등의 기억을 끌어냈다. 믿었던 사람들에 대한 배신감, 분노, 상실감이 고객의 몸에 기록되어 있었다. 이 감정들은 우리의 뇌간에 저장되어 유사한 상황에서 위협을 느끼게 되면 편도체(아미그달라)가 강렬하게 반응한다. 고객은 10년 전 팀원들이 단체로 저항하고 반항하며 신뢰를 배신했을 때 보인 그 차갑고 공격적인 표정들이 잠재의식에 각인되어 있었다는 것을 알았다. 그 표정을 끄집어냈을 때 심장이 빠르게 뛰고, 손발이 떨리고, 등골이 서늘한 느낌이 들면서 어깨에 힘이 빠지고 다시금 슬픔에 빠져버린 듯했다. 몸 안에 과거에 경험했던 감각들도 함께 저장되었음을 알 수 있었다.

설상가상으로 고객이 보호하려고 했던 팀장이 모든 문제를 부서장이 부덕한 탓으로 돌렸을 때의 허망함은 심장을 그대로 얼어붙게 하였다. 그리고 이 강렬한 트라우마가 조직생활에 방해가 되기 때문에 더는 간과할 수 없다고 판단하였다.

코칭 대화의 핵심은 이렇다. 자신이 10년 전 트라우마로 현 부서 팀장을 이전 팀장과 비교하면서 이전 사람에 대한 견해가 현재 팀장을 판단하는 잣대로 굳어졌다. 이 선입견은 생각과 행동에 지대한 영향을 미치고 있었다는 것을 알게 되었다. 나의 고객이 주로 갖고 있던 선입견은 팀장이 팀장의 역할을 하지 못하고 팀원 시절의 생각으로 업무를 했기 때문에 문제가 불거졌다는 입장이다. "100% 팀장의 잘못이야!"라고 판단했지만 "팀장의 상사인 나의 잘못은 없을까?"라고 생각을 바꿔서 말하도록 하고 어떤 감정이 떠오르는지 질문했다. 자신의 몸에 각인된 감정과 정보가 달라지고 있다는 것을 고객 스스로 깨달았다. 팀장이란 존재가 보이기 시작했고, 업무를 잘하고 싶고 인정받고 싶은 팀장의 욕구도 느낄 수 있다고 답했다.

인생은 때때로 슬픔 혹은 낙담하는 경험을 한다. 이러한 경험을 피할 수는 없지만, 문제는 해당 감정을 처리하지 않고 계속되는 후회와 우울함으로 인생을 살아간다는 점이다. 커다란 대리석 안에 갇힌 자기 존재를 꺼낼 수 없다. 과거에 대한 후회가 삶을 지배하도록 둔다. 하나를 잃어버렸으면서도 전부를 잃어버린 양 일반화하고 낙담하면서 살아간다. 대리석 안에 갇힌 자신의 존재를 아예 잊고 이러한 감정적인 상태의 자신이 전부라고 동일시하며 심각한 우울증으로 이어지는 위험성을 지닌다.

깊은 무기력에서 나를 살린 내면 아이 〈에너지 수준 50〉

인생에서 물질적으로 큰 상실을 경험했던 직장 여성이 있다. 남편이 상의 없이 대출을 받아 주식에 투자했는데 주식이 폭락하면서 억대의 빚이 생긴 것이다. 나의 고객은 시간이 지나면서 모든 것을 고통으로 느꼈다. 눈앞에 앉아 있는 남편에 대한 원망, 미래에 대한 막막함, 고통, 분노, 좌절 등의 감정에 점점 매몰되어 갔다.

높은 대출 이자로 빚은 하루하루 늘어갔고, 결국 서울에 있는 집을 팔기로 결정했다. 서울의 집 한 채는 그에게 냉혹한 현실을 버티게 하는 '불행의 트로피'였다. 원만하지 못한 남편과의 관계 속에서 유일하게 위로받고 치유되는 느낌을 주는 상징물이었고, 유일하게 행복감을 주는 대상이었다. 그런데 그런 트로피를 남편 때문에 잃어버리게 된 셈이다. 몸의 한 부분을 잃은 듯한 상실감이 느껴졌고, 슬픔에 잠식되어 몸이 아프기 시작했다. 진통제 없이는 깊은 잠을 잘 수 없는 상황이 되었다. 한동안 분노와 원망의 시간을 보내며 시간만 생기면 누워 하염없이 눈물을 흘리곤 했다.

고객과의 코칭 대화는 인생에서 지금처럼 슬프고 힘들었던 때가 있었는지에 질문으로 시작되었다. 지금처럼 서럽고 막막했던 때를 떠올려보길 권했다. 그는 초등학생 시절 매일 혼자 울고 있는 모습을 떠올렸다. 부모님의 이혼으로 모든 것을 잃고 버림받았다고 생각했던 그 시절 자신은 늘 혼자 누워 서럽게 울고 있었다. 보호받지 못하고 보살핌을 받지 못했던 아이의 눈물과 감정을 그저 바라보았다. 어떻게 해주고 싶냐는 질문에 안아주고 위로하고 싶다고 했다. 만약 내가 엄마라면 그 아이를 어떻게 대하고 싶었을까? 엄마가 되어서 그렇게 해줄 수 있냐는 질문에 "엄마는 너를 사랑하고 앞으로도 영원히 너를 위해서 모든 것을 해줄 거야." 그리고 눈을 감고 자신을 힘껏 안아주고 사랑한다고 말해주었다.

그러자 고객의 내면에 갇혀 있던 절망과 외로움, 좌절의 감정들이 흩어지기 시작했다. 여기에 마법과도 같은 솔루션이 있다. 우리가 아프다고 말하는 감정을 부끄럽거나 수치스럽다고 덮거나 밀어내지 않고 자신의 내면으로 들어가 관찰해 보는 것이다. 그것을 직면할 때 그 감정은 훅 달려들 수 있지만 내가 맞서겠다는 의지로 관찰하고 느끼면 그 감정과 자신은 동일시되지 않는다. 거리를 두고 느낄 수 있다. 그리고 그 감정으로 야기되었던 생각과 행동을 관찰할 수 있다. 놀라운 기적이 일어난다. 조각가 미켈란젤로가 되는 순간이다. 놀랍게도 어떤 조각을 하고 싶은 의지가 일어난다. 이것은 신비주의적 해석이 아니다. 과학적으로 내면으로 들어가면 들어갈수록 자신의 힘을 만날 수 있기 때문이다.

내면의 아이가 너무도 무거운 대리석 안에서 아직도 슬픔과 절망으로 살아간다면 그 에너지는 시간이 지나면서 무거운 돌덩이를 부식시키고 부숴버린다. 겉사람이 쓸모없이 부서져 사라지기 전에 그 안에 있는 나의 존재를 끌어내야 한다. 엄청난 일이 생긴 것 같지만 그렇지 않다. 단지 1년 전의 일이든 10년 전의 일이든 찾아가서 그 당시의 자신이 겪었을 아픔을 어루만지고 위로하고 이해해 주면 된다. 그러한 과정에서 자신 안에 힘이 있음을 경험하게 된다. 그때의 아픔도 지금의 아픔도 위로할 수 있는, 그리고 다시 일어설 힘이 자신이라는 것을 느낀다. 마치 마법의 지팡이가 마법의 금가루를 뿌린 것처럼 내면의 온전한 존재가 그가 겪는 아픔을 느끼며 함께 일어나는 순간이다.

무기력한 의식 상태에서 올라오는 대표 감정은 절망이다. 이 수준은 절망, 자포자기가 특징이다. 현재와 미래가 황폐해 보이고, 비애가 인생의 주제 같다. 이 단계에 오래 머물면 살려는 의욕이 없어지고, 자극에 무감각해지고 무기력에 빠진다.

이와 같이 감정에 따른 의식과 에너지가 이끄는 행동 패턴이 우리에게 주는 시사점이 있다. 대부분의 사람들이 존재적 차원의 가능성과 성장보다는 일과 성과에 역점을 두고, 그 일이 해결되고 나면 다시 무의식의 패턴으로 돌아가 안주한다. 이러한 패턴은 인간의 본질이 아니다. 인간의 본성은 무한한 가능성에 대한 열정과 성장하고 싶은 갈망으로 더 나은 방향을 추구한다.

생각 : 열심히 깨진 독에 물 붓는 내 인생

널뛰는 오만 가지 생각을 끌어안고서

일반적으로 사람들은 습관적으로 하루에 오만가지 생각을 한다. 과학적으로 밝혀진 수치는 무려 6만에서 7만 가지다. 그중에서 90%가 어제의 생각이 반복되는 것이고, 또 그중에 70-80%가 부정적인 내용임을 감안하면 오만가지 부정적인 생각이 머릿속에서 이리저리 널뛰며 소란을 피우는 것이다. 다시 말해서, 우리의 의식적인 생각은 이 부정적인 에너지를 뚫고 나가야 하므로 애를 써도 엄청 써야 한다. 이때 강력하고 긍정적인 의도를 세우지 않는다면 널뛰는 오만가지 생각을 오로지 감당할 수밖에 없다. 그래서 변혁이 필요하다. 뚫고 지나갈 힘이 필요하다.

우리는 스스로 이런 생각을 떠올리는 것으로 믿고 있다. 그렇지 않더라도 대부분 정신 차리고 나면 한심하다는 생각이 들어 괴로워진다. 이를 정화하려는 노력의 일환으로 명상이나 성찰 일기 등을 시도하지만 돌아서면 다시 쏟아지는 생각들은 정리되지 않는다. 현대인은 정보의 홍수 속에서 머릿속에 널뛰는 생각들을 정리하는 방법에서부터 없애는 방법에 이르기까지 다양한 지식과 방법을 배우느라 바쁘다. 나는 스승인 닥터 필라이 박사 소속 등 표시에게 명상을 배우면서 가장 명쾌한 해답을 얻었다. 필라이 박사는 우리가 살아 있는 한 심장이 호흡하듯 끊임없이 생각하는 것이 자연스러운 현상이라고 말한다. 자연스러운 현상을 없애거나 줄이려 애쓰는 것은 현명한 방법이 아니며, 호흡을 지켜보거나 혹은 호흡을 조율하듯이 생각을 지켜보고 조율할 수 있다고 했다. 스승의 말 한마디에 나는 생각에서 해방된 느낌이었다. 더는 머릿속 괴이한 생각들을 없애려 애쓰지 않고 그냥 지켜보았다. 신기하고 놀라운 것은 내가 그 생각들을 그저 지켜보고 있을 때 구름이 창공에서 흩어지듯이 생각들도 그저 배경으로 물러선다는 것을 경험했다. 이 시점에서 다시 궁금해졌다. 그렇다면 오만가지 생각을 하는 나는 누구이며, 그 생각을 지켜볼 수 있는 나는 누구인가? 소크라테스가 생존해 있었다면 답을 들을 수 있었을까? 떠가는 구름과 창공은 하나라고 뇌과학의 대가이자 영성의 대가들은 말한다. 어떻게 하나일 수 있는지 궁금했다.

세포생물학자이자 스탠퍼드대학교 교수를 역임한 부르스 립튼은 그의 저서 《신념의 생물학》(The biology of Belief)에서 7세까지 부모나 사회로부터 받은 양육 패턴이 한 개인의 성격으로 자리 잡는 과정을 신경과학자의 언어로 설명한다. 특정 방식으로 생각하고 감정을 느끼고 표현하고 행동하는 것은 어찌 보면 한 개인의 책임이 아니다. 그저 태어나서 거의 무의식적으로 사회와 부모를 모방하여 잠재의식에 저장해 두고 그 기본을 바탕으로 지식을 습득하여 살아갈 뿐이다. 이러한 메커니즘에서 나온 우리의 속담은 과학적인 듯하다. '세 살 버릇 여든 간다'는 표현은 어린 시절 습관은 성격으로 자리 잡고 평생 그렇게 살 가능성이 높다는 것을 시사한다. 어린 시절 좋은 습관을 체득하지 못한 사람들에게 이러한 해석은 거의 사망 선고처럼 들릴 것이다. 나도 그랬다. 그러나 어디까지나 생물학적 관점에서 그렇다. 우리는 조건화된 패턴을 바꿀 수 있는 힘과 지혜가 내면에 존재한다는 것을 몰랐다.

세포생물학자인 립튼 박사는 우리가 태어날 때 지닌 유전자가 한 개인의 삶을 설명하지 못한다는 것을 발견했다. 유전자 코드인 DNA는 청사진에 불과하다. 어떤 건물을 지을지 구상하는 밑그림에 불과할 뿐, DNA 자체가 건물이 될 수 없다고 주장했다. 더 나아가 물려받은 유전자가 전부가 아니라 유전자를 만들어 낼 수 있다는 연구에 집중하여 후생유전학(epigenetics)을 보편화시켰다. 'epi'는 라틴어로 넘어선다는 의미다. 유전자를 넘어서 만들어 내는 어떤 것이 존재한다는 의미가 아니겠는가!

유전자를 넘어서게 하는 것이 무엇일까? 그의 연구는 신념(belief)에 집중되었다. 신념이라는 것은 어떤 생각이 자꾸 반복되어 강력한 믿음이 생겨난 상태이다. 그래서 신념에는 감정이 따라오고 그 감정에 비롯되는 에너지가 몸속의 단백질 펩타이드 구성을 바꾸어 우리 몸을 운영한다. 어떤 신념에서는 코르티솔이 분비되고 어떤 신념은 옥시토신을 분비한다. 다시 말해서 "이번 생에서는 불가능한 일이야"라는 신념을 가지고 있다면 분명 코르티솔에 해당하는 스트레스성 호르몬이 분비될 것이고, "함께하면 가능할 수 있어"라고 한다면 좋은 파트너를 만날 수 있다는 신념으로 그에 해당하는 호르몬을 우리 몸은 알아서 분비한다는 것이다. 이렇게 놀라운 기적이 우리 몸 안에서 일어나고 있는 것을 증명했다. 우리 몸 안에 위대한 과학기술이 내장되어 있다는 것이다.

이렇게 그의 연구는 후생유전학의 지평을 견고하게 마련하였다. 습관을 만든 우리 내면의 시스템은 마찬가지로 새로운 습관을 다시 만들어 낼 수 있다. 위대한 과학기술이 바로 모든 사람의 내면에 있기 때문이다. 그 기술은 AI도 아니요, 강의실에서 배우는 것도 아니다. 바로 우리 내면에 이미 존재해 있다. 타고난 유전인자를 넘어서 후생적으로 다시 유전인자를 만들어 내는 힘이 우리 안에 있다.

먹을 것으로 피난처를 삼았던 나의 어린 시절은 내가 선택한 것이 아니었다. 나는 초등학교 입학 전에 언니 소풍날에 가져갈 초콜릿을 먹어서 엄마에게 매 맞고 쫓겨났던 기억이 있다. 엄마가 다시 물어내라고 때리니 가게에 가서 그냥 집어 들고 와 재차 얻어맞은 가슴 아픈 추억을 잊을 수 없다. 그 이후에 붙인 별명인지 모친은 나를 미련한 X으로 불렀다. 이러한 과거 습관을 만든 수치스러운 기억은 내가 만든 것이 아니라고 선언한 립튼 박사의 연구에 찬사를 보낸다. 게다가 과학적으로 엄격한 타당성을 가지고 발표한 논문으로 후생적으로 우리가 어떠한 신념을 갖는가에 따라서 유전정보를 바꿀 수 있다고 주장하다니! 축복에 이르는 길 같았다. 나는 더 이상 '먹는 것만 좋아하는 미련한 계집아이'가 아니다. 나는 '먹는 것도 좋아하는 활력 넘치는 지혜로운 똑똑이다!' 나는 이 신념으로 나를 맞이한다.

우리는 모두 후생유전학자가 될 수 있다. 자신의 인생을 다시 디자인할 수 있는 위대한 존재라는 것을 발견하게 될 것이고 그 존재가 나를 이끌어 가면서 애쓰지 않고 꽤나 괜찮은 삶을 살아가게 할 것이다. 이 책을 덮는 순간, 마침내 찾을 것이고 경험하게 될 것을 약속한다.

그러나 축복에 이르는 길을 발견하기까지는 여러 도전이 있었다. 배우고 시도하는 과정에서 내면의 존재에 의지하지 못하고 겉사람의 힘으로 애썼기 때문이다. 그러나 후생유전학에서 설명하듯이 자신의 삶을 다시 디자인할 수 있는 위대한 존재가 이미 있다는 것을 우리는 알아야 한다. 창공에 떠다니는 배경의 구름이 창공과 하나이듯, 습관적인 행동과 생각을 지켜보는 의식도 결국은 하나인 나 자신이다. 여러 가지 생각을 하는 나도 내 자신이고 그 생각을 품은 창공도 나 자신이라는 것을 일찍 알았더라면 내 인생이 어떻게 달라졌을까 상상해 본다.

원하지 않아도 이미 습관화된 패턴들

정보화 시대의 혜택 중 하나는 많은 지식을 동시에 습득할 수 있다는 점이다. 특히 뇌과학의 쾌거로 '뇌는 내가 아니다', '뇌는 습관이 들어 있는 컴퓨터에 불과하다' 등의 반복적인 생각과 의식을 분리해 자신의 책임을 회피하는 경우도 있다. 때로는 그 습관적인 생각과 행동이 너무 파격적으로 좋거나 반대로 끔찍하면 내면의 온전한 의식은 그 경험 안에 사로잡힌다. 습관의 패턴을 자신이 아니라고 절대 단정 지을 수 없는 이유다. 여기에는 엄청난 관성이 있기 때문에 의식 차원으로 깨어나는 내가 몸 안에 남아 있는 관성의 패턴을 부인하고 싶을 때도 있다. 이 관성은 너무 힘이 세서 내면의 존재를 삼켜버린다. 관성의 에너지는 어떤 행동이나 어떤 생각으로 멈춰 세울 수 없다. 그러니 습관 안에 갇혀 있는 내면의 의식을 끌어올리려면 고통을 감내해야 한다. 여기에 고통의 유익이 있다. 고통을 통과하는 과정에서 우리는 늘 하던 방식대로 주저앉아 마음대로 생각하고 행동하는 것을 더는 할 수 없게 된다. 그렇지 않았던가! 아픔을 느낄 때 비로소 이전의 생각들이 잠시 멈추고 존재가 느끼고 생각하는 것을 존중하고 따른다. 우리는 이것을 아픈 만큼 성장한다고 말한다. 그러고 나서 어떻게 되었나? 성장 이후에 "너는 어떤 사람이 되었어?"라고 묻는다면 어떤 답이 나올까?

다시 또 그 자리로 돌아간 자신을 발견하는 경우가 많다.

인류의 관성, 국가와 민족의 관성, 조상의 관성, 부모의 관성이 나에게로 전해져 오기까지 엄청나게 눈덩이로 커진 관성의 에너지를 무엇이 멈춰 세울 수 있을까? 원하지 않았지만 이미 습관화되어 자동으로 작동하는 생각과 행동을 내가 원하는 상태로 만드려면 무엇이 필요할까? 이 세상에서 파괴력이 가장 큰 것은 핵무기이다. 핵무기의 원리는 가장 작은 단위인 물질의 분자, 원자를 더 쪼개 보이지 않는 단위를 재결합시켜 수소폭탄이 되었듯이 보이지 않는 내면의 깊은 곳에 도달하면 가장 강력한 빛이 있다. 이 내면의 존재를 많은 학자는 빛으로 묘사한다. 이 존재에 접근하기 위해서는 나를 쪼개고 또 쪼개서 겉사람의 존재가 부서져 보이지 않고 만질 수 없는 에너지의 상태가 되어야 만날 수 있다고 한다. 이러한 접근은 영성가들이 자신의 내면에 접근하는 방식인데 쉽지 않고 알아들을 자도 많지 않다.

모든 사람의 내면 깊은 곳에 이 영성의 신성한 빛이 있다는 것을 알고 접근해야 한다. 칼 융은 창조주가 태양의 빛을 모두에게 주었듯이 모든 사람의 내면에도 신성한 존재의 빛이 있다고 설명하고 이 빛을 'self'라 칭했다. 신성한 의식이 있다는 것을 알고 배웠으면 직접 내면으로 가서 발견해 내는 일을 해야 한다. 그 연습만이 값진 것이다.

내면에 존재하는 힘을 만나기 위해서는 겉사람의 현주소가 필요하다. 현재의 위치를 모르면 새로운 목적지를 입력조차 할 수 없듯이 지금을 파악하는 일이 중요하다. 이 존재를 발견하고 개발하여 우리 힘의 근원이 되도록 3부에서 자세히 안내할 것이다.

중요함에도 불구하고 대부분 사람들은 현재 상태를 파악하는 것을 기피한다. 대부분 지금의 모습이 원하지 않는 모습이라는 것을 알고 지속적으로 끈질기게 습관에 얽매여 있다는 것도 알고 있는데도 말이다. 이것이 관성의 에너지이며 어제와 같은 행동, 어제와 같은 감정과 생각을 지속하고 있기 때문에 분리해서 관찰하기가 매우 어렵다.

예를 들어 좌절이나 무력감을 느끼는 불편한 상태에서 빨리 벗어나고 싶을 때 우리들의 행동을 관찰해 보자. 그 불편함의 근원이 무엇인지 알아보려는 이성을 작동시키기보다는 불편함을 덜어내려고 재빠른 보상 행동을 한다. 전화를 걸어서 좌절스러운 상황에 대해 누군가에게 하소연을 한다든가, 시원한 맥주와 안줏거리를 놓고 넷플릭스를 보면서 무력감을 덜어내기도 한다. 이렇게 불편한 감정 상태에 있으면 즉각적으로 불편함을 털어내려는 것이 거의 본능적인 생각과 그에 따른 행동이다. 그러나 이것은 자신의 감정이 진짜 원하는 행동이 아니다. 잠깐 느낄 수 있는 안전망에 불과하다. 곧 사라지고 마는 것을 우리는 잘 알고 있다.

그래서 우리는 원하지 않았지만 이미 패턴화된 습관들을 받아들인다. '이것은 그냥 운명이야. 그렇게 태어났어. 나만 늘 당해야 하나? 다음 생에 잘 태어나자' 등의 신념으로 기존의 패턴을 강화하면서 자신의 본질과는 멀어진다. 이쯤에서 커다란 양대 산맥 같은 것이 보이지 않는가? 우리의 고민은 늘 여기에서 비롯된다. 그동안 수없이 맞이한 코칭 사례도 나를 포함해 대부분 동일하다. 바로 두 가지 마음에서 갈팡질팡하는 우리 자신이다. 무언가를 갈망하지만 갈망하는 결과를 창출하기 위해서는 어제의 행동과는 달라야 하는 것을 알고 있다. 알지만 같은 행동을 하기 때문에 마음대로 되지 않는 것이다. 왜 안 될까? 같은 생각과 같은 행동을 하게 만드는 자기중심적인 겉사람의 패턴이 주인이기 때문이다. 나를 초월하는 위대한 의지가 힘을 발휘할 수 없는 상태이다. 위대한 의지가 주인으로 행동할 수 있는 상태에 이르도록 훈련해야 한다. 나는 이 훈련을 통해서 나의 속박으로부터 해방된 진정한 자유를 누리고 있다. 독자 여러분도 잠시만 기다리시라.

습관을 넘어서게 할 내면의 힘은 무엇인가?

일상의 기적은 이미 시작되었다. 원하지 않는다는 것을 알기만 해도 우리는 기적을 만들어 낼 확률을 높여 놓았다. 자신이 원하든 원하지 않든 무관하게 자동화된 기계처럼 열심히 달려가는 사람들이 대다수이기 때문이다. 우리는 어떤 사람인가? 종종 더는 이대로는 안 된다 싶은 순간을 목격한다. '아! 이 모습은 정말이지 내가 원하는 것과는 정반대의 삶이구나' 절절하게 변화를 갈망하는 순간을 마주한다. 삶의 여정에서 만나는 다양한 스트레스를 대처하는 데 자신의 에너지를 모두 써버렸기 때문에 변화하는 데 쓸 에너지는 그 바닥이 드러난 상태이다. 그러나 원하는 변화를 위해 필요한 여분의 에너지도 없는 상태로 다람쥐 쳇바퀴 돌 듯 살아간다고 생각하니 슬퍼진다.

아~ 어쩌란 말인가! 아인슈타인은 이러한 패턴 안에 갇힌 사람들이 갈망하는 것들에 대해 과학적인 인사이트로 일갈했다. 변화를 원한다면 즉, 문제를 해결할 솔루션을 원한다면, 문제가 발생된 의식과 같은 수준의 의식에서는 결코 변화를 창출할 수 없다고 했다. 이는 과학적으로 다른 차원의 에너지가 힘이 되어주어야 함을 의미한다. 즉, 원하지 않는 습관적 행동이 나오지 않도록 하겠다는 의지가 아무리 강력해도 누적된 습관이 가진 에너지를 이겨낼 수 없다. 습관의 에너지를 이길 다른 차원의 변혁적인 에너지가 필요하다.

우리는 삶의 질을 향상시키기 위해 변화하려고 수없는 노력을 하지만, 생물학적으로는 변화되기 어려운 상태에서 시도하기 때문에 변화의 노력은 자주 수포로 돌아간다. 방송국의 비유를 들어보자면, 배철수가 진행하는 팝을 듣고 싶다면, FM○○○hz의 주파수에 맞춰야 한다.

AM○○○hz 주파수에서 배철수의 선곡을 들을 수 없다. 즉 원하는 결과에 맞는 행동을 해야 한다는 것이다. 우리의 생각도 에너지이기 때문에 내가 긍정적인 생각을 듣고 보고 싶다면 그러한 생각에 맞는 주파수에 맞춰야 한다. 아인슈타인의 제안처럼 다른 종류의 의식 차원에서 방출되는 에너지만이 습관을 넘어 변화의 길로 안내할 것이다.

카르마적 운명은 패턴화된 습관에 고착되어 사는 삶을 말한다. 운명을 타파한다는 것은 운명이라는 거대한 대리석의 내면에 있는 천사를 생명으로 탄생시키는 일과도 같다. 그러나 운명을 타파한다는 것은 아이러니하게도 미켈란젤로의 말에 의하면 대리석에서 필요하지 않은 것들을 조각칼로 떼어내는 일이었다고 한다. 어쩌면 지금까지 살아오면서 엄청나게 많은 경험과 지식기반의 행동과 생각 등이 새로운 변화를 위해서는 그다지 필요한 것들이 아니라는 반증이다. 중요한 것은 조각가인 내가 위대한 의지를 갖고 천사의 모습이 나타날 때까지 겉사람이 축적해 온 불필요한 것들을 깎아내는 훈련을 꾸준히 하는 데 있다. 그 길은 의외로 간단하다. 나의 반쪽이 소유한 힘을 사용해야 한다. 서로 다른 특성의 두 가지 마음이 서로를 지켜보고 통합하는 데 있다. 새로운 역사를 쓸 수 있고 새로운 운명을 창조할 수 있다. 나는 지금 그렇게 살고 있다.

우리 몸은 의식이 선택한 방향을 따라간다. 그렇게 노력하며 애쓰며 살았지만 나의 됨됨이는 잘 바뀌지 않았다. 목표를 세우고 성취하는 과정에서 잠시의 뿌듯함이 있었지만 그것으로 내가 만족하는 온전함에 이르지는 못했다. 당연한 일이었다. 반쪽으로 살았으니 말이다. 긍정적인 에너지로 일상을 이기기 어려웠다. 실상 나의 생각이 긍정적이라는 것도 거짓이란 것도 몰랐다. 내면의 존재에 대해 알지 못한 채로 겉사람의 반쪽으로 온전한 삶을 기대했기 때문이다.

마약만큼 파괴적인 코르티솔 중독

예상치 못했던 일이나 억울한 일을 당했을 때 느꼈던 감정, 혹은 자신도 모르게 세상을 보고 느끼는 감정에서 어떤 부정적인 에너지를 느꼈다면 안타깝게도 부정적 에너지의 결과물은 고스란히 자신에게 되돌아온다. 그렇다. 불행하게도 억울하게 부정적 결과물들은 내 코앞에 떨어진다. 이는 과학적으로 측정이 가능하다. 그 감정에 상응하는 신경전달물질과 코르티솔 부류의 호르몬이 분비됨으로써 신체 내에 이미 독성의 화학물질이 퍼지고 있다는 것이다. 내가 자처한 일이 아님에도 불구하고 이 화학물질은 자신의 몸 안으로 분비되어 신체에 파괴적인 영향을 미친다. 코르티솔이 분비되면 이에 상응하는 1,400여 개 종류의 신경전달물질이 우리 몸의 60조 개의 세포 하나하나에 혈류를 타고 전달된다. 각종 질병을 야기한다는 것도 알고 있다. 그러나 이 정도의 과학 정보로 자신이 변하지 않는다는 것도 알고 있다. 지식을 가지고 있어도 아는 만큼 실천하며 살아가는 사람들이 흔하지 않다는 것도 알고 있다. 그래서 알아도 자신에게 유익한 변화를 가져오기 힘들다.

그렇다면 삶의 변화를 만들어 낼 수 없다는 것이다. 왜일까?

간단하다. 코르티솔이 분비되면 에너지의 상태가 달라진다. 불안하고 부정적인 감정이 야기하는 에너지에 부합하는 행동을 해야 자신이 편안해지기 때문이다. 자신의 몸을 실시간 해친다는 사실을 알아도 에너지 상태에 따른 행동을 하지 않을 수 없다. 그래서 중독이라고 한다. 학자들에 따르면 코르티솔 중독은 니코틴과 카페인 중독보다 강하다고 한다. 어떠한 감정 중독은 특정 행동을 해야 기분이 나아진다. 예를 들어 한 지인은 비가 부슬부슬 내리면 슬퍼지고 슬퍼지면 취할 때까지 마시고 울고 싶다고 한다. 그 이유는 남친이 헤어지자는 통보를 비 오는 날에 했었고 이후에 슬퍼하는 자신을 느끼고 싶지 않아서 술을 마셨다. 한동안 비 오는 날이면 우울해졌고 건강에 좋지 않은 영향을 미쳤다고 한다. 그럼에도 그 코르티솔이 분비되는 행동을 지속하는 이유는 비가 오는 날이라는 자극이 자신의 내면으로 들어와 생각과 감정을 자극해서 내면의 에너지장이 달라졌기 때문이다. 에너지장이 달라지면 우리는 몹시 불편해진다. 이 불안을 덜어내려면 이를 보상하는 행동이 뒤따라야 한다. 이러한 상호 연결고리를 중독이라 부른다. 코르티솔 부류의 호르몬은 너무나 몸에 익숙해져서 심지어는 무의식적으로 코르티솔을 분비하는 상태를 찾아다닌다.

코르티솔을 분비하는 감정의 에너지 상태를 초월하는 온전하고 힘이 있는 에너지 상태가 필요하다. 의도적으로 일상에 무시로 초대해야만

한다.

  정확한 생물학적 지식은 해결책을 찾는 데 도움이 된다. 앞서 언급한 사례처럼 삶에서 겪었던 어떤 일이 자신의 생각과 감정, 심지어는 의식까지 송두리째 삼켜버리는 일을 겪게 될 때는 그 상황과 자신을 떨어뜨릴 수 없다. 그 사건을 겪은 자신을 그 사건의 경험과 감정과 생각과 모두 동일시한다. 그래서 자신을 보호하기 위해 그러한 경험에 대한 저항으로 싸우거나 도망가거나 순응해 버리는 행동 패턴을 습관으로 만들어서 안주한다. 갑작스럽게 겪은 불편한 순간에 대처했던 생존방식이었는데 그때의 생각과 감정 안에 자신의 존재도 끌려간 듯하다. 유사한 사건만 발생해도 중독에 가까우리만큼 비슷한 행동을 하고 만다. 그리고 곧 후회한다. 이 자동 반응을 우리는 반드시 깨뜨려야 한다.

  이 방식을 깨뜨리는 것이 어렵기 때문에 '세 살 버릇 여든 간다', '사람은 고쳐 쓰는 것이 아니다', '사람은 변하지 않는다'는 등으로 변화가 어렵다는 인식을 표현하고 있다. 그래도 변화하기로 결단한 사람들은 부단히 애를 쓰며 시도한다. 성장과 발전은 모든 살아 있는 생물체가 공통으로 갖는 자연스러운 의식이다. 하물며 만물의 영장인 사람이 왜 성장과 발전 앞에 머리 숙이며 포기하게 되는 것일까? 단지 저마다 경험했던 불안과 두려움, 슬픔 같은 감정이 분출한 코르티솔과 해당 화학물질들이 신체 내에 너무나 오랫동안 에너지를 붙들고 있다는 사실을 몰랐던 것이다. 우리는 생존 본능의 의식 상태를 자연스럽게 생각하고 그것이 전부인 줄 알고 지냈던 것이 문제였다. 그 상태는 실상 자연스러운 것이 아니라 에너지 중독의 상태이다.

자동화된 패턴을 지속하는 생존의식보다 내면의 존재에서 나오는 순수의식의 감정, 생각, 행동과 같은 긍정 에너지들이 있다. 이 에너지가 코르티솔 중독을 상쇄할 수 있다. 내면의 존재에서 발현되는 순수의식은 나의 반쪽이다. 이 반쪽은 커다란 의식을 가지고 있는 나의 일부이기도 하고 우주 전체의 일부이기도 하다. 후생유전학의 핵심은 새로운 신념을 일으키는 근원이 바로 내면의 존재에서 비롯됨을 시사한다. 나의 반쪽인 그 내면의 영적 의식은 무한의 잠재력을 지닌다. 그 의식의 관점에서 생각하고 느끼고 행동한다면 놀랍고 기쁜 삶을 경험하게 될 것이다.

내면의 존재에서 비롯되는 나의 힘은 개발하면 할수록 높은 의식으로써 삶에 동참할 수 있다. 모든 사람의 내면에 존재하는 나의 반쪽에 대해 속사람, 진자아, 참자아, 진아 등 다양한 이름으로 칭한다. 겉사람인 나의 에고와는 다른 종류의 정체성을 갖는다. 수천 년 동안 내면의 존재에 대한 경외감과 일치감이 오갔지만 지난 수백 년 동안 우리는 자신을 객관화할 수 있는 분리된 존재로 개별성에 역점을 두었기 때문에 내면의 존재에 대해서는 다루지 않았었다.

AI 시대는 겉사람의 패턴화된 생각은 이미 AI가 대부분 알고 있다. 나의 반쪽인 영적 존재의 의식에서 비롯되는 생각 감정들을 AI가 접근하기 힘들 것이다. 신의 모습을 닮은 나의 반쪽을 반드시 찾아내고 함께 살아가는 훈련을 해야만 하는 시대에 접어들었다.

비 오는 날이면 슬픔을 느끼는 자신을 보호하기 위해 보상행동을 해왔던 자신이 진짜 나였을까? 연인의 이별 통보로 몹시 슬퍼하던 20년 전 자신이 진짜 나였을까? 지속적으로 코르티솔 환각에 빠져 있을 필요가 있을까? 분명히 그렇지 않다는 것을 알아차린다. 대리석 안에 있는 자신의 진짜 모습이 조각되어 드러날 수 있도록 20년 전 경험을 조각칼로 떼어낸다.

신경과학에 따르면 환경으로부터 유사한 자극이 왔을 때 우리 신체 시스템은 그 환경에 반응하도록 자동 입력된 결과값의 슬픔이나 분노나 억울함의 감정을 여전히 느낀다는 것이다. 자동이라는 단어가 의미하듯이 반복된 조건화로 의식하지도 못한 채 1천 분의 1초 이상의 빛의 속도보다 빠르게 에너지 상태가 달라진다. 그럼에도 불구하고 놀라운 기적 같은 사실이 우리 내면 시스템 안에 내장되어 있다. 자극을 받아서 달라진 에너지 상태에 의해 주로 반응하지만 달라진 에너지 상태의 감정을 따라가지 않고 행동하지도 않으며 그 상태를 지켜보기만 하면 뇌하수체에서 감정에 해당하는 해로운 신경전달물질을 분비하지 않는다는 사실이다. 그러면 감정은 일어나지만 자신이 그 감정에 휩싸이지 않고, 감정으로 인한 코르티솔 부류의 물질이 분비되지 않는다. 그리 오랜 시간을 이렇게 불확실한 상태에 머물지 않아도 된다. 단지 심호흡 두서너 번에 해당하는 짧은 시간이다.

이때 놀라운 기적이 내면에서 일어난다는 사실을 아는가? 감정이 일어난 이유를 알게 되고 지혜를 만나게 된다. 내가 노력해서가 아니라 가

만히 그 상태를 지켜볼 때 대리석 안에 갇혀 있던 내 온전한 의식, 영성의 존재가 드러난다. 그리고 내 안에 있는 모든 지식과 메시지들이 그 존재 안에서 통합을 이루어낸다. 이것이 앎이다. 불현듯 알게 된다. 이러한 종류의 기적은 자신의 반쪽의 힘으로 경험할 수 없다. 모든 사람의 내면에 깃든 영성 존재와 통합으로 하나 될 때 가능하다.

우리는 주변 관계에서 오는 어떤 자극으로 갑자기 자신의 머릿속이 시끄러워지는 것을 경험한다. 심지어 어떤 자극이 없이도 혐오스러운 경험을 떠올리기만 해도 어깨가 뻣뻣해지고 심장박동이 빨라졌던 경험이 있다. 이유가 무엇일까? 그 감정을 소환해서 감정의 옷을 다시 입고 과거의 괴로운 경험을 반복하고 강화한다. 호르몬과 해로운 신경전달물질이 우리 몸에 퍼졌기 때문이다. 이러한 시스템의 패러다임을 바꾸지 않고는 과거에 발생했던 사건이 다시금 삽시간에 내 삶을 지배하도록 허락하고 환경의 희생자가 되어버린다는 사실을 분명히 알아야 한다. 겉사람의 나로서는 이 과정을 의식하지 못한다. 알아차릴 수 있는 힘은 바로 자신의 또 다른 반쪽인 내면의 존재가 함께할 때 가능하다. 내면의 존재가 바로 신성을 닮은 영성의 존재이다. 나의 창공이 되어준다는 사실을 모른다면 의식한다 해도 중독의 힘을 이겨낼 수 없다.

물론 받아들이기 힘든 감정을 무조건 긍정적으로 받아들이라는 것은 아니다. 단지 그 감정을 억누르고 외면하지 말자는 것이다. 억누르고 외면한다 한들 사라지는 것도 아니다. 감정의 속성상 받아들여지지 않을 때 잠시 누그러진 듯하나 분명 메시지를 가지고 왔기 때문에 이후 다시 방문한다. 감정과 맞서 싸우거나 억압하거나 외면하는 행위는 정도의 차이는 있지만 감정에 저항하는 것이고 저항할 때 강력하게 그 감정을 다시 느끼게 된다. 마침내 코르티솔이 분비될 때 자신에게는 이미 익숙해진 독성의 화학 작용만 반복될 뿐이다.

 게다가 부정적 감정과 상응하는 주파수가 몸의 에너지장을 차지하고 있기 때문에 다른 생각이 끼어들 여지가 없다. 우리가 할 수 있는 것은 대단한 것이 아니다. 맞서 대항할 수도 없기 때문에 미리 선제적으로 해결할 수도 없다. 한동안은 그저 부정적 감정과 같은 파장을 가진 부정적 생각이 펴져 나가는 것을 지켜보는 수밖에는 없을 수도 있다. 엄밀히 말하면 뿌린 대로 거두고, 자신이 방출한 에너지는 자신에게 되돌아온다는 운동의 제3법칙에 따른 우주의 원리를 인정하는 일밖에는 없다. 이러한 상황을 양자물리학의 아버지 데이비드 봄은 이렇게 해석한다. "에너지 차원에서 해석한다면 인간은 송신탑이다. 우리가 방출하는 에너지, 즉 생각과 감정은 우리에게 돌아와서 내면에 에너지장을 형성한다." 이러한 딜레마를 해결하지 않으면 영원히 감정의 드라마 안에서 코르티솔 중독으로 익숙해진 불편함을 말없이 받아들이고 사는 것이 인생이라고 해석할 것이다.

질병과 죄악을 부르는 무지함

'모르는 것이 약이다'라는 말은 무슨 의미일까? 필자는 이렇게 정의한다. 배운 정보를 삶에 제대로 적용하지 못해 혼란만 야기한다면, 차라리 모르는 것이 나을 수도 있다. 하지만 배운 것을 삶에 지혜롭게 적용할 수 있다면, 아는 것은 곧 힘이 된다. 지식이 삶에 실질적으로 녹아든다는 것은 곧 지혜를 의미한다. 그렇다면, 무지가 질병과 죄악을 불러온다면 우리는 어떻게 해야 할까?

가장 큰 죄는 자기 자신을 모르는 것이다. 소크라테스로부터 시작된 이 개념은 현대에 이르러서도 여전히 중요한 화두다. 자기 자신을 모른다는 것은 단순한 무지가 아니라, 자신의 삶을 악순환 속에 가두고 가족에게까지 그 업보(카르마)를 물려주기 때문이다. 이러한 진리에 대한 무지는 인생에 질병과 부작용을 초래한다. 필자 또한 한때 무지했으나, 아무리 무언가를 채우려 해도 공허함이 가시지 않는 삶을 살면서 존재에 대한 탐구를 시작했다. 그리고 코칭에서 강조하는 '존재에 대한 대화' 프로세스를 통해 깨달았다. 인간은 단순한 육체가 아니라, Human Being에서 Being에 해당하는 존재적 측면이 나의 반쪽을 이루고 있다는 사실을 말이다. 신이 완벽하게 창조한 인간이라는 시스템에서 '존재'는 그 마지막 조각과도 같다.

예를 들어, 우리는 일상에서 다양한 감정과 마주한다. 분노, 우울, 좌절, 두려움, 의심, 부끄러움 등의 감정을 애써 억누르며 하루하루를 살아간다. 하지만 이런 방식은 결국 보상받기는커녕 오히려 주변과의 갈등과 문제를 초래하기 쉽다. 우리는 이러한 문제를 유발하는 무지에서 벗어나야 한다.

배울 것이 많은 세상이지만, 가장 먼저 배워야 할 것은 자기 자신에 대한 탐구다. 이를 위해 가장 먼저 시도할 수 있는 방법은 불편한 상황에 직면했을 때 자신이 무의식적으로 떠올리는 생각의 패턴을 기록하는 것이다. 또한, 무의식적으로 반복하는 행동들도 적어볼 수 있다. 이는 우리 내면의 어두운 패턴을 의식의 빛 아래로 불러오는 과정이다. 차 한 잔을 마시며 조용히 자신을 탐색하는 이 순간은 매우 신성한 순간이며, 진리를 마주하는 아름다운 과정이 될 것이다. 만약 이러한 자기 탐구를 깊이 경험하고 싶다면, 자기 훈련을 다룬 3부까지 완독하길 추천한다.

그렇다면, 어둠 속에 있는 자신을 어떻게 도와줄 것인가? 우리가 만성적인 질병을 겪고, 스스로를 무능한 사람으로 여기며 자기 생각의 감옥에 가두고 있는 것은 아닌가? 우리는 종종 열심히 살아왔다고 믿지만, 사실은 억누르고 외면했던 감정들이 몸속에서 독성 화학물질을 생성하여 질병을 키우고 있다. 세계보건기구(WHO)에 따르면 현대 질병의 90% 이상이 이와 같은 감정적 요인에서 비롯된다고 한다. 부정적인 감정과 연결된 생각들이 우리 몸의 에너지를 변화시키고, 결국 질병이 발생할 수 있는 환경을 조성하는 것이다. 그렇다면, 우리는 더 이상 방관할 수 없는 것이 아닌가?

많은 사람이 하루의 습관화된 패턴을 보내며 부정적인 사고에서 벗어나지 못한 채 이를 운명이라 여기며 안주한다. 그러나 그것은 운명이 아니다. 단지 스스로 새로운 선택을 하지 않았을 뿐이다. 선택은 인간이 가진 가장 위대한 능력이다. 우리 몸에는 위대한 과학기술이 장착되어 있으며, 이를 활용하는 방법은 간단하다. 하늘을 바라보며 구름이 흘러가는 모습을 지켜보자. 그리고 생각을 가볍게 정리하며 내면의 감정을 관찰해 보자. 생각과 감정은 실시간으로 우리의 내면 환경을 바꾸고, 주변 환경에도 영향을 미친다.

무의식에서 해방되지 못할 때 삶에 나타나는 현상들

〈나의 해방일지〉라는 드라마에서는 남주인공 구씨가 살아온 삶으로부터 해방되기 위해서 여주인공 염미정을 추앙하도록 각본을 구성하였다. 자신도 알지 못하는 운명이라는 업보에서 해방되기 위해서는 절대적 사랑이 필요하다는 것을 느꼈다. 우리는 그 사랑을 갈구하기 위해 드라마 같은 인생을 살아간다. 그러나 내가 아닌 외부 환경에서 갈구한 사랑은 늘 사라진다. 지속 가능한 사랑은 내가 나를 사랑할 때 온전히 구현된다. 변하지 않는 본질인 내가 나를 사랑하는 길이다. 변하지 않는 본질의 나는 바로 모든 사람의 내면에 깃든 영성의 존재인 Being이다. Human Being의 Being은 나의 반쪽이며 나의 육신을 품을 수 있는 온전한 존재이다. 이 존재가 나를 사랑할 수 있다. 이 접근은 기존의 틀을 파괴하는 혁신적 방법이다. 나라는 사람의 에너지 파동이 달라진다. 에너지의 주파수가 달라진다.

  인생의 가장 큰 손실은 같은 실수를 반복한다는 것이다. 이 사실을 모르는 사람은 없다. 불행하게도 우리들은 같은 실수를 반복하지 않을 방법을 모른다. 자신이 알고 있지만 그래서 그와 같은 언행을 그만두고 싶어서 수도 없이 변화를 시도하지만 속절없이 같은 패턴이 반복되는 모습을 마주하고는 자포자기하고 변화가 불가능하다고도 생각한다. 그리고 이를 업보 내지는 카르마라고 한다. 저마다 비밀스러운 이야기를 지고 다니면서 애쓰고 살아왔음에도 그것에 다시 매몰되어 카르마를 반복한다.

  사람이 변한다는 것이 가능한가? 일반적으로는 불가능하다는 것을 먼저 설명하고 싶다. 예를 들어 나는 주파수 150의 자신감의 의식을 가지고 활동하면서 주변 사람들을 포용하는 관계 지향의 의식으로 변화하기로 결심했다. 만약 내가 현재 150의 의식의 에너지를 송출하는 방송국이라면 절대로 관계 지향적인 포용의 프로그램을 접할 수 없다. 서로를 포용하는 의식과 생각과 행동은 400이상의 주파수에서 송출하는 디테일들이다. 관계 지향의 포용을 경험하고 싶다면 나의 주파수가 달라져야 한다. 나의 주파수가 400이 되어야 같은 주파수에 맞춰진다. 150의 의식 상태에서는 400의 주파수에서 송출되는 프로그램을 만나는 것 자체가 불가능하다.

  우리가 변화를 원할 때 과학적 프로세스를 먼저 이해해야 한다. 150

이란 의식수준에 머물면서 다른 변화를 원할 때는 그 변화에 집착하게 되고 그 집착으로 현재와 원하는 결과의 차이는 더욱 커지고 에너지는 불안전한 상태가 된다. 잘못된 방법이 엄청나게 애만 쓰게 된다. 그렇다면 주파수 400에서 송출하는 프로그램을 경험하려면 내가 400수준의 주파수에 맞춰야 한다. 그 의미는 나의 의식과 에너지로 접근해야 한다. 이미 내가 그 의식에 있어야 한다. 여기에 파격적인 진리가 있다. 정신분석에 일생을 바친 전문의 데이비드 호킨스의 저서 《의식혁명》에서 보여주듯이 인간의 내면에는 20이라는 주파수의 의식에서부터 700이상의 밝기를 보이는 주파수에 이르는 의식이 모두 내재해 있다는 것을 학문적으로 증명하고 많은 사람들이 경험하게 하였다.

예를 들어보겠다. 김과장은 인사고과를 잘 받아서 팀장으로 승진하고 싶다. 승진하면 인정도 받고 연봉 인상도 되고 뿌듯함에 행복할 것이다. 이때 우리가 그동안 해왔던 접근방식은 인사고과를 잘 받기 위해서 여러가지 사안을 신경 써야 한다. 업무능력, 팀내 관계, 상사와의 관계, 특히 평가를 잘 받기 위해서 맡겨진 업무를 잘해내야 한다. 계획대로 진행해야 하고 주변환경도 김과장의 일정표에 모두 동참해야만 한다. 변수들이 발생할 때마다 에너지가 분산되지만 노력해간다. 이렇게 목적을 향해서 간다고 해도 계획대로 이루어지지 않는다는 것쯤은 알고 있다. 심한 변수에 부딪히면 다시 안전지대로 회귀하곤 한다.

그런데 전혀 다른 접근이 있다. 결과를 정했으면 이제 과정에 집중하는 방식이다. 승진이란 결과를 시간에 제한을 두지 않는다. 단지 승진했을 때의 뿌듯함과 행복한 의식에서 나오는 생각과 감정을 미리 송출하는 것이다. 지금 자신 앞에 있는 현안에 대해 목표를 이뤄낸 감정과 생각으로 행동한다. 과거의 실패에 대한 생각으로 에너지가 분산되지 않는다. 또한 미래의 승진 여부를 두고 확률게임으로 두려워하며 에너지를 낭비하지도 않는다. 온전히 현재 내 앞에 있는 일에 집중할 수 있다면 어떠한 성과를 낼 것 같은가?

  데이비드 붐의 양자물리학 관점에서 인간이 송신탑이라 했듯이 내면의 에너지가 송출되면 그에 맞는 결과를 즐길 수 있다. 내 몸에서 나오는 에너지는 지금이라는 현안에 집중돼 있다. 생각과 감정과 행동이 일치된 에너지로 모여 있다. 내 몸과 마음이 원하는 결과와 같은 주파수로 일치된 상태가 아니겠는가! 결과값과 같은 에너지가 송출이 되어야 그 결과의 파동에 조율된다. 이것은 변화에 대한 파괴적이고 혁신적인 접근 방식이다. 이러한 과학적 접근이 가능하려면 모든 사람의 내면에 존재하는 신성한 의식인 자신의 반쪽을 알고 경험해야 쉽게 지속적으로 자기실현을 할 수 있다. 내면의 존재에서 송출하는 에너지가 자신의 의식이 되어야 원하는 파동을 만날 수 있다. 이 접근 방법으로 실행할 때 가장 빠르고 가장 쉽게 그리고 가장 효과적으로 자기실현의 여정에서 길을 잃지 않을 수 있다.

무의식에서 마침내 해방된 인생의 모습

무의식의 삶에서, 즉 카르마적 운명에서 해방되지 못할 때 일반적으로 우리가 얼마나 우매한 삶을 살고 있는지 한 시인의 글을 소개한다. 미국의 시인 포르티아 넬슨은 인생을 다섯 장으로 된 짧은 자서전으로 비유하여 다음과 같이 묘사했다.

제1장 난 길을 걷고 있었다. 길 한가운데 깊은 구덩이가 있었다. 난 그곳에 빠졌다. 난 어떻게 할 수가 없었다. 그건 내 잘못이 아니었다. 그 구덩이에서 빠져나오는 데 오랜 시간이 걸렸다.

제2장 난 길을 걷고 있었다. 길 한가운데 깊은 구덩이가 있었다. 난 그걸 못 본 체했다. 난 다시 그곳에 빠졌다. 똑같은 자리에서 또다시 빠진 것이 도무지 믿어지지 않았다. 하지만 그건 내 잘못이 아니었다. 그곳에서 빠져나오는 데 또다시 오랜 시간이 걸렸다.

제3장 난 같은 길을 걷고 있었다. 길 한가운데 깊은 구덩이가 있었다. 미리 알아차렸지만 또다시 그곳에 빠지고 말았다. 그건 이제 하나의 습관이 되었다. 난 비로소 눈을 떴다. 난 내가 어디 있는가를 알았다. 그건 내 잘못이었다. 난 얼른 그곳에서 나왔다.

제4장 내가 같은 길을 걷고 있었다. 길 한가운데 깊은 구덩이가 있었다. 난 그 가장자리로 돌아서 지나갔다.

제5장 난 이제 다른 길로 가고 있다.

인생의 구덩이에 반복적으로 빠져본 뼈저린 경험을 하고 마지막 순간에 이르러서야 구덩이로 들어가지 않게 된다면 인생은 그야말로 패턴에서 나오려고 애만 쓰다가 끝난다. 생명과 활력을 느끼는 행복할 시간이 없이 끊임없이 잘못을 고치려는 노력만 하다 마는 인생을 우리는 살고 싶은 걸까?

똑같은 실수를 반복하지 않을 지혜를 얻게 된다면 지금 이 순간 벗어나고 싶은가?

어둠에서 벗어나는 방법은 생각보다 간단하다. 그 어둠을 직시하는 것이다. 어둠을 직시한다는 것은 자신의 감정을 마주하는 것에서 출발한다. 그 감정이 후회이든, 부끄러움이든, 절망이든 혹은 증오이든 간에 마주하면 습관적이고 자동적인 반응이 잠시 멈춘다. 이때 놀라운 기적을 만나게 된다. 그 순간 내면의 존재가, 어떤 큰 손이 나를 감싸는 듯 느꼈다. 마치 나를 인정해주는 듯했고 나를 그저 괜찮다고 온전하게 바라보는 듯했다. 그 안에서 새로운 전략이 나온다. 인생의 구덩이를 지날 때 똑같은 패턴으로 접근하지 않을 수 있는 전략적 아이디어가 솟구쳐 오른다. 만끽하고 싶지 않은가?

뼛속까지 절절히 후회한 적이 있는가? 원하지 않는 습관에 다시 빠진 자신을 뼛속까지 싫어했던 적이 있는가? 그렇게 후회를 느껴본 사람은 자신을 절대 포기하지 않는다. 그는 주저앉지 않는다. 누구나 실수를 하지만, 인생에서 같은 실수를 반복하는 것 보다 더 큰 낭비는 없다. 인생의 5장을 기다릴 필요는 없지 않은가!

아이러니하게도 후회할 일이 없다고 말하는 사람은 대개 후회하는 삶을 살고 있다. 매사에 지나치게 도도하면 자신이 인생을 주도하고 있다고 믿기 때문이다. 물론 이 세상 어딘가에는 절대로 후회하지 않을 정도로 아주 운 좋은 삶을 살아가는 이도 있을 것이다. 그러나 삶은 엉킨 실타래처럼 꼬여 있다. 그렇게 복잡한 삶을 살면서 어떻게 후회하지 않을 수 있다는 말인가? 후회하지 않는 사람들은 늘 자신에게 일어난 일을 합리화한다. 끊임없이 핑계를 생각해 내고 책임을 다른 사람에게 떠넘기면서 후회의 감정을 덜어버리기 때문에 없는 것으로 착각한다.

진정성 있는 후회는 반성으로 이어진다. 반성은 자신의 삶을 되돌아보게 하고, 잘못된 것을 바로잡으려는 실천의지를 갖게 한다. 후회가 도움이 되지 않는다고 후회하는 일을 멈춰서는 안된다. 더 치열하게, 더 절박하게 후회해야 한다. '뼈저린 후회'를 하는 사람은 결코 그 상태에서 주저앉지 않는다. 언제나 '발전의 기회'를 얻는다.

익숙한 절망을 정당화하는 작심삼일의 함정

모든 사람은 꿈을 꾸고, 그 꿈을 이루어 행복한 삶을 누리기를 원한다. 그것은 인간의 본능적인 욕구다. 그래서 행복한 삶을 살기 위해 목표를 정하고 달성하려고 노력한다. 그러나 대부분의 사람은 '작심삼일의 함정'에 빠지고 만다. 혹자는 작심삼일을 지속하면 무언가 계속하기 때문에 괜찮다고 말한다. 그러나 괜찮지 않다. 과정에서 느끼는 부정적인 감정이 내면의 환경을 좀먹고 있다는 사실을 아는가?

지금까지 자신이 살아온 관성의 법칙을 깨기 위해서는 초기에 엄청난 에너지가 필요하다는 과학적 사실을 모르기 때문이다. 변화를 창출하기 위해서는 초기에 엄청난 에너지가 필요하다. 비행기도 이륙하는 과정에서 연료의 50% 이상을 사용한다. 일단 이륙하고 나면 기류에 편승해 나머지 에너지를 효율적으로 사용하며 비행한다. 우리가 꿈을 꾸는 목적지에 도착하는 것도 마찬가지다. 새로운 변화를 만들기 위해서는 초기에 절반 이상의 에너지를 쓰면서 집중해야 꿈을 향해 출발할 수 있다. 출발하려는 시도를 하다가 좌절하여 다시 이전의 상태로 돌아가곤 한다. 우리가 실행력이 부족하다는 의미는 아니다. 익숙해진 습관대로 생각하고 행동할 때는 많은 에너지를 소비하지 않아도 된다. 일단 이륙 후에 목적지에 도착하여 늘 그렇게 살아가다가 습관이 되었기에 별반 에너지가 필요하지 않다고 할 수 있다. 그러나 새로운 것을 시도할 때는 엄청난 에너지가 필요하다. 많은 에너지와 집중이 필요한 시점에 반드시 조력자가 필요하다. 외부환경에서 오는 조력도 필요하지만 더욱 중요한 조력은 바로 내면의 힘이다.

새로운 변화를 만들어 낼 때 신체에서 일어나는 생리학적 반응에 불과한 것을 우리는 심리적으로 불편한 것으로 받아들여서 다시 익숙한 곳으로 물러선다. 알지 못하거나 보이지 않는 새로운 것을 만들어 갈 때 느끼는 생경함과 불편함을 심리적으로 '난 아직 부족한 사람인가 봐, 주변 환경이 도와주지 않아, 비용이 많이 들어'라는 등의 해석이 붙는다. 이러한 익숙함이 나를 새로운 곳으로 나가지 못하게 붙잡을 수도 있다. 나쁜 의도가 있어서 붙잡는 것은 아니다. 단지 불확실성을 헤치고 가는 길이 불안하여 자신을 보호하려고 하는 것이지만, 이때 자신과의 대화가 필요하다. 그 과정에서 소비하는 에너지가 너무 많고, 저항하고 도피하고 심지어는 싸우기까지 한다. 이 과정은 혼자 가기 힘들다. 이때 나를 온전하게 이끌어 줄 나의 반쪽이 함께한다면 무한한 에너지를 공급받을 수 있다. 이전에 느꼈던 불안과 두려움의 에너지가 변환되어 목적지로 향하는 발걸음에 사용될 수 있다.

  변화를 창조할 때, 오랜 세월 반복된 몸의 습관과 새로운 의식 간에 의견 조율을 해야만 한다. 새로운 생각이 몸에 익숙해질 때까지 필요한 과정이다. 이 과정은 과학적으로 새로운 뉴런이 시냅스를 만들어 가는 과정이기도 하다. 내면의 존재와 함께 자신이 새로운 차원의 의식 근육을 만들어 가는 훈련 과정이다. 새로운 생각에서 나오는 주파수와 화학물질이 달라 몸에서 이질감을 느끼기 때문에 전혀 다른 두 개의 정체성이지만 서로 협력해야만 한다. 하나를 버리고 다른 하나를 선택하는 양자택일이 아니다. 통합되어야만 비로소 온전한 하나가 되는 관계이다. 아직 결과가 명확하지 않은 상태에서 새로운 한 걸음을 내딛는 것은 낯설고 어렵다. 그래서 불편하고 두렵다. 우리는 반드시 온전한 나의 반쪽과 함께 인생의 여정을 지나야 한다. 분명한 것은 막연한 이 과정이 지나면 반드시 자신에게 보이는 현실로 나타난다는 것이다. 이 과정을 뇌과학 관점에서 신경가소성(Neuroplasticity)의 실현이라고 설명한다.

변화를 갈망하지만 원하는 변화가 아닌, 원하지 않는 현상만 자신의 삶에서 반복되는가? 혹시 아인슈타인의 말처럼 원하는 결과에 부합하는 존재가 되지 않고 결과에만 집착하는 것은 아닌가? 결과를 이루어가는 과정과 방식에는 집중하지 못하고 원하는 대상에만 집착하고 있는 것은 아닌가? 내면에 장착된 최첨단 기술을 믿고 두 가지의 정체성(Human+Being)을 통합하여 멋진 인생을 누려볼 수 있다는 믿음을 가슴에 새겨본다.

3장

행동 :
불편함을 느끼지 않는
즉각적인 보상을 행복으로 착각하다

행복은 눈에 보이는 대상이 아니다

어찌 보면 원하는 삶을 만들어 가는 열쇠는 불쾌한 감정을 다루는 능력에 있다. 그래야 자신이 원하는 삶의 방향으로 나아갈 수 있다. 그 능력은 지식과 정보를 습득하고 오랜 기간 연마해야 하는 것과는 다르다. 다시 말하면 건강, 승진, 연봉 인상, 학점 등 어떠한 목표를 추구하든 눈에 보이는 결과를 만들어 내는 능력과는 다르다.

원하는 삶의 모습을 이루어 가는 과정에서 예기치 못한 장애물을 만나게 된다. 갑자기 피해를 당하게 되는 크고 작은 일, 스케줄에 없던 부모님을 챙겨야 하는 일, 아이들 선생님에게 걸려온 전화 등 뜻밖의 상황에 부딪치는데 이때 발생하는 감정에 대처할 수 있는 능력을 말한다. 이러한 능력은 시간과 돈을 투자해서 배워야 할 것 같지만 현실은 그렇지 않다. 오히려 너무 쉽게 치부하고 있는지도 모른다.

어떤 일을 경험하면서 생기는 감정은 피할 수 없다. 일상의 경험은 결국 감정이란 결과를 낳기 때문에 받아들여야 한다. 그런데 우리는 이 감정을 받아들이기보다는 아예 느끼지 않으려고 한다. 회피하고 억누르고 다른 행동을 하면 그 감정이 사라진 줄로 착각하고 산다. 정작은 우리 신체 어딘가에 부정적인 에너지장을 형성하고 눌러 앉아 있다가 다시 내 앞에 나타날 때는 더 큰 파괴적인 힘을 가지고 온다.

대부분의 사람은 크고 작은 조직에서 직장생활을 한다. 그중 대부분의 사람들은 행복하지 않다고 한다. 처음에는 나름 좋은 의도와 목적으로 직장생활을 시작했음에도 불구하고 1년 안에 그 직장을 떠날 결심을 하는 경우가 무려 70%를 차지한다는 갤럽의 통계가 놀랍다. 더욱 놀라운 것은 업무가 어려워서 그만두려는 사람은 없다. 사람과의 관계에서 빚어지는 갈등이 오만 가지 감정을 야기하기 때문이다. 팀에서 갈등을 야기하는 대부분의 이유는 혼자 일할 때는 문제가 거의 없는데 협업할 때 일하는 방식이 다른 데서 갈등이 불거진다. 실은 이것은 너무나 당연한 것이고 문제가 아니다. 단지 불편한 것뿐인데 모두 심각한 문제로 여기고 이직 내지는 퇴사를 결심하게 되는 이유는 '나 중심의 생각' 때문이다. 팀에 필요한 것은 '나 중심의 생각'과 '시스템 중심의 생각'이 통합되어야 하는데 우리는 시스템 중심의 생각은 염두하지 않기 때문이다.

예를 들어 김 주임은 팀원 간의 관계와 화합을 우선시하여 인내하고 많은 일을 더 맡아서 책임지려고 하는데 피로가 누적되면서 억울함이 일기 시작한다. 또 다른 팀원인 이 주임은 성과 중심의 완벽주의여서 문제점을 분석해서 빠르게 추진해야 하는데 동료의 방만한 태도가 문제라고 생각하면서 답답함에 함께 일을 못할 지경이라 토로한다. 그들은 서로 다른 스타일 때문에 불편해지는 감정을 표현하면 갈등이 더욱 커질 것을 우려해 모른척한다. 그 감정이 가져온 불편한 에너지는 몸속 어딘가에 갇혀 신체에 해로운 물질을 분비하고 있다는 점을 모르고 말이다. 이렇게 피로 물질이 쌓여가면서 팀내 불일치한 에너지장이 형성된다. 그리고 팀의 안전지대에 엔트로피(무질서의 에너지)가 쌓여 시스템이 붕괴된다. 이러한 상황에서 애써 참고 모른척하기 보다는 오히려 불편한 감정을 알아차리고 받아들인다면 어떤 일이 일어날까?

팀의 가장 작은 단위는 가정이다. 가족 간의 대화를 살짝 엿본다면 알아차릴 것이다. 가족 간에 왜 그런 감정이 들었는지 공감하고 이유를 알아보고 어떻게 하고 싶은지에 대한 대화를 찾아보기 쉽지 않다. 해결책을 찾기보다는 회피하고 포장하고 강요하면서 현재의 상태를 유지하려 한다. 물론 그보다 나아지려고 한다.

가정이든 팀이든 어떠한 관계에서든, 경험하는 감정은 그 감정에 상응하는 호르몬과 신경전달물질의 화학 작용이 일어난다. 그 작용이 신체에 미치는 영향은 지대하다. 이때 분비되는 스트레스성 호르몬으로 느끼게 되는 불편함을 빨리 덜어내려고 자신을 보호하려는 방어적인 태도가 무의식적으로 나타난다. 모든 사람은 그렇게 나름의 시스템을 구축해 왔다. 자극이 오면 거의 자동화된 반사적 행동을 하고 나서는 나름 대응했다고 착각한다. 불행하게도 이러한 대응은 참혹한 결과를 낳는다. 대부분 회피하고 억눌려 몸에 저장된 감정의 에너지는 자신의 몸 안에서 에너지장을 형성해 유사한 자극을 경험하면 즉각적으로 아무 생각 없이 반응한다.

이렇게 반복되고 강화되는 경험으로 쌓인 원하지 않는 감정과 에너지는 마치 평생 원하지 않는 짐을 지고 다니는 것과 같다. 그렇다면 어떻게 이 짐을 내려놓을까? 이러한 짐이 나의 허락 없이 내 몸 안으로 들어왔을까? 그렇지 않다. 의식적으로는 아니지만 무의식이 허용한 것이다. 원하지 않았던 것인데 눈떠보니 그렇게 자신이 지고 다니는 감정들이 있다. 이는 마찬가지로 누구의 허락이 필요하지도 않고 같은 방식으로 내려놓으면 된다.

심리학자 존 카밧진 박사로부터 감정이라는 내적 경험을 인식하고 깨어 있는 반응을 위해 자기조율능력을 배웠고, 스탠포드대학에서 연구한 자기인식(Self-Awareness)이 리더십에 미치는 영향에 대해서 배우고 훈련했다. 예일대학의 감성지능 리더십센터에서 감정을 지능으로 통합하는 지식과 방식도 습득하였다. 많은 것에 호기심을 갖고 배우고 탐색한 결과 느낀 점이 있다. 세상에 너무 많은 기술과 지식이 파편화되어 있어 개인의 사고로는 모두 습득하기가 불가능하다. 더불어 외부에서 배운 기술과 지식으로 나의 삶이 변화되지 않는다는 것도 알았다. 삶이 더 나은 방향으로 달라지는 것을 원한다면 배운 것을 삶에 적용해야 하는데 적용할 때 필요한 의식과 에너지가 핵심이라는 것을 깨달았다. 삶의 영역으로 적용할 때 온전한 내가 된다. 즉 실천으로 나의 육신과 영성이 하나가 된다. 이때 자연스럽게 지혜를 터득한다. 이 상태가 지극히 행복한 순간이다. 눈에 보이는 대상을 쫓는 행복과는 다른 차원이다.

변화는 내면 존재의 힘을 발견하고 그 힘이 삶의 현장에 적용되도록 훈련하는 것이 영성의 훈련이다. 우리가 배운 지식은 이미 차고도 넘치기에 이제부터 집중할 것은 내면에 있다

욕망의 거세

삶의 과정에서 경험하게 되는 불편함을 느끼지 않으려고 우리는 자기 방어차원에서 즉각적인 보상을 하곤 한다. 그중에 한 가지 방법은 욕구를 없애버리는 것이다. 존재로부터 올라오는 갈망을 느끼지 않으려고 저마다 다양한 방식의 보상으로 인스턴트 행복에 만족한다. 우리는 세상을 살아가는 데 자신을 보호할 적당한 신념의 체계를 가진다. 삶을 경험하면서 강력하게 각인된 감정들은 저마다의 이야기를 지닌다. 그 이야기는 자신에게 도움이 되는지 상관없이 몸에 각인된 에너지와 정보일 뿐이다. 강력한 감정과 정보는 반복되면서 신념으로 굳어진다. 세상을 보는 눈이 된다. 필자가 부모로부터 받은 신념 중에 귀에 딱지가 앉을 정도로 들었던 것 중의 하나는 '송충이는 솔잎을 먹고 살아야 한다'는 것이다. 욕심을 부리면 화를 당한다는 것. 원하는 꿈을 이루고자 해도 욕심으로 치부되었던 경우가 많았다. 그래서 내가 만든 신념은 '이만하면 됐어!'였다. 분명히 괜찮지 않은데 나에게 주어진 주변 환경을 감안하면 이만하면 됐다는 생각이 많았다. 자신의 주변 환경을 거스르면서 무언가 하고자 했을 때 두려움이 따르는 것은 당연한데, 그 두려움을 주변 환경을 거스르는 죄책감으로 느꼈던 것 같다. 그래서 "아니야, 아만하면 됐어! 그 이상은 욕심이야"라는 신념을 만들어 안전함을 느꼈다.

  우리 모두는 두려움이 있다. 결과에 대한 두려움, 주변 시선, 에너지의 고갈 등을 생각할 때 무의식적으로 솟구치는 욕망이나 갈망들을 거세할 나름의 신념이 필요하다. '울면 나약해 보여, 강해 보여야지', '참고 견디자', '그만 털어내, 이만하면 됐어.', '아래를 보고 살아야지', '무조건 결과가 중요해,' '가족이 먼저지.' 이러한 신념은 단기적으로 도움이 될 수는 있지만 장기적으로는 상처를 입게 된다. 그 말 안에 갈망을 누르고 있기 때문이다.

내가 옳다고 믿었던 신념이 어느 순간 모순되고 비겁하다는 생각이 들었다. '나의 욕구보다는 가족이 먼저야'라는 생각에서 진정성을 찾지 못했다. 진짜 나의 욕구는 지속적인 발전과 성장으로 높은 삶의 질을 누리는 것인데, 가족이 먼저라고 암묵적으로 타협하는 것을 알았다. 그래서 언제라도 중간 즈음에 하던 일을 포기해도 불편하지 않았다. 가족을 보살피는 것이 매우 중요한 일이라고 오히려 나를 세뇌했다. 그리고 그 허전함을 느끼지 않으려고 '이만하면 됐어.!'라고 거짓 위로를 해온 것이다. 일지되지 않는 나의 언행에서 모순적인 감정을 느끼지 않으려고 나름의 보상을 찾아 해결했다. 충만하지 않은 감정이 만들어 내는 빈 공간을 다른 보상들로 채웠다. 거세된 욕망은 손쉽게 잡을 수 있는 대체품을 찾았다. 다른 것이 있겠는가! 주로 먹고 마시고 구매하는 행동이었고 그 순간은 편안했다. 그것이 분명 행복은 아니었다. 가랑비에 옷이 젖는다고 결핍의 감정은 쌓이고 쌓여 휴화산이 활화산이 되듯이 강력하게 나를 흔들었다. 그때 비로소 내가 원하는 진짜 내 모습을 인정하고서야 진정한 위로를 받았다. "나는 비겁한 사람도 속물도 아니야. 항상 더 발전하여 건강한 모습으로 성장하기를 바라. 더 충만한 삶을 살고 싶은 신성한 욕구를 두 팔 벌려 맞이하고 그렇게 살아내자! 이 마음은 모든 사람의 내면에 존재하는 신성한 욕구야." 내 안에서 나오지 못했던 신성한 욕망을 초대하곤 한다. 다음과 같은 질문은 내가 경험해 왔던 삶의 에너지장에서 나를 번쩍 들어올려 내가 경험하고 싶은 삶의 에너지장으로 순간이동을 시킨다.

- 내가 원하던 삶을 산다면, 그건 어떤 모습일까?
- 그 과정에서 하루하루의 모습은 어떠할까?
- 지금과 어떻게 다를까?
- 나의 건강 상태는 어떠한가?
- 어떤 사람들과 관계를 맺으며 어떻게 시간을 보내고 있을까?
- 오늘의 한 걸음에 미래의 나는 어떻게 융합되어 있을까?

그동안 선생으로서 코치로서 수많은 사람들과 나눈 대화를 통해 알게 된 공통점이 있다. 저마다 가지고 있는 현재의 이슈가 무엇이든, 어떠한 상황에 있든, 대부분 사람들은 현재 상태너머에 있는 가능성을 보는 것을 선택한다. 결국 모든 이들은 자신 안에 있는 어떤 힘을 알고 있는 듯하다. 어디에서 어떤 일을 하고 있는지는 무관하게 답변은 대부분 이렇게 수렴된다. 대부분의 우리는 의미 있고 목적이 분명한 일에 몰입하고 싶고, 긍정적인 영향력을 발휘하고 싶고, 자신감을 가지고 일상의 문제에 휘둘리지 않고 창의적인 문제 해결로 자신의 힘을 느끼며 살고 싶어 한다.

미니멀리즘의 슈가 코팅

현대사회의 복잡성과 과잉 소비 문제에 대한 대처 방안으로 시작된 미니멀리즘 현상은 과도하거나 쓸데없는 소비를 줄이고 최소한의 필요한 물품만으로 살아가기를 강조하는 것으로 환경 문제와 경제적 문제를 해결하는 방법으로 인식된다. 과도한 물질 소비에서 벗어나 진정한 행복과 만족감을 찾으려는 미니멀리즘적인 삶을 추구하는 이들에게 큰 영감을 주고 있다. 최근 들어 물질적인 것보다는 정신적인 것을 중시하는 인생 철학으로도 인기를 얻고 있다.

그러나 미니멀리즘을 추구하는 것이 진정한 행복과 만족감을 준다는 것에 동의할 수 없는 이유는 인간의 욕구를 충족시키며 행복해질 가능성은 무궁무진하기 때문이다. 물질적인 소유와 소비를 제한하는 철학으로서 지속 가능한 소비와 자원 절약에 기여하고 있지만 일부 사람들에게는 문제가 될 수도 있다. 첫째, 개인의 상황과 욕구에 따라 달라질 수 있다. 둘째, 미니멀리즘은 불필요한 소비를 줄이고, 필요한 것에만 집중하도록 권장하지만 이것이 경제적으로 불이익을 가져올 수 있다. 소비를 제한하여 생산이 줄어들면서 신성한 욕망을 부정적으로 여기는 사회적 시각을 조성할 수 있다. 더 나아가 일자리가 사라지거나 소비자와 생산자 모두에게 부정적인 영향을 미칠 수 있다. 셋째, 자신이 필요한 물건을 소유하지 않고 불필요한 것을 버리는 것도 권장한다. 개인의 삶에서 의미 있는 것을 놓치고, 각자가 원하는 진정한 만족을 얻지 못함으로

써 자기자신에게 집중하지 못하는 삶으로 기울어질 위험이 있다.

　요즘은 누구를 위하여 미니멀리즘을 주창하는지 모를 정도다. 닭장 같은 아파트를 수 없이 만들어 놓고 그 안에서 미니멀하게 살라는 것인가? 미니멀하게 살면서 TV나 SNS 상에 올라오는 범람하는 콘텐츠 안으로 들어가 광대처럼 살아갈 위험이 있다. 자신의 삶의 의미에 집중하는 사람들은 강한 욕망이나 그렇다고 무소유의 철학에 사로잡히지 않는다. 누구에게는 책장에 진열된 책이 그야말로 자신의 영혼을 바로 충만하게 해주어 오래된 책도 버리고 싶어 하지 않는다. 등산을 좋아하는 사람은 다소 도전적인 등반을 할 때 의식을 갖춘다는 의미에서 등산복을 장만한다. 등산복에서 나오는 삶의 에너지는 몇 억짜리 그림을 소장하며 느끼는 에너지와 다를 바 없다고 한다. 그만큼 자신에게 소중하고 가치 있는 아이템이다.

　집 안에 있는 물건들을 정리하고 나면 머리가 개운해지는 잠깐의 기쁨은 있지만 장기적으로도 유익한 것인지 따져볼 일이다. 오히려 포스트 정보화 시대로 접어든 마당에 미니멀리즘을 실현해야 할 영역은 SNS에 범람하는 정보의 쓰레기들이다. 머릿속에 꽉 찬 무용한 정보들 쓸어내야 한다. 내가 좋아하는 커피잔도 모아보고, 아이들이 가지고 놀았던 인형도 추억으로 남겨두고, 예전에 읽었던 책들도 책갈피에 끼워둔 메모와 추억도 그대로 둘 수 있는 집에서 살겠다며 삶의 안식처에 대한 비전을 그리고 이루어가는 삶이 아름답지 않은가? 미니멀리즘이란 유행어로 개인의 욕망을 몹쓸 것으로 치부할 때가 종종 있다. 빨리빨리 버리고 필요하면 다시 사라고 암묵적으로 독려하는 광고주들의 욕망을 거부하고 싶다. 미니멀리즘의 슈가 코팅이 벗겨지면 채워지지 않는 허전한 갈망을 해소하려고 소비할 것들을 찾아 헤맨 적이 있지 않는가? 인간의 욕망은 일단 신성시되어야 한다. 나를 더 나은 곳으로 밀어주는 자극이다. 사람은 욕망을 추구하며 살아간다. 욕망이 없다면 인류는 생존하지 못했을 것이다. 욕심과 욕망을 혼동하여 같은 것으로 치부해서는 안 된다.

중독에 빠지다

우리는 언제 어떻게 중독에 빠질까? 주변 환경과 상황에 의해 혹은 자처해 원하지 않았던 일을 뜻밖에 경험하거나 또는 실패의 경험으로 큰 상처를 입게 되었을 때, 다시는 겪고 싶지 않아서 재빨리 감정을 회피하고 무시하고 억누르게 된다. 물론 아프기 때문에 자기보호 차원의 뇌의 보상시스템에서 비롯된다. 아픈 감정으로부터 달아나 자신을 보호하려 했던 방식이 여러가지 형태의 중독의 행동을 낳는다. 일 중독, 쇼핑 중독, 드라마 중독, 운동 중독 등의 행동은 원치 않는 불편한 감정이 자신에게 들어오는 것을 허락하지 않겠다는 다양한 보상책으로 스스로 선택한 것이다. 물론 이러한 선택에는 단발성의 유익함이 있다. 그러나 내면의 진짜 나는 알고 있다. 자신의 안녕과 건강에 해를 끼치는 행동이라는 것을 말이다.

당장은 그 감정을 외면함으로써 괴로워하는 것대신 다른 일을 할 수 있는 효율성은 있겠지만, 그 감정은 해결책을 찾기보다는 몸 안에 갇혀 있기 때문에 에너지장은 과거에 머물고 새로운 것을 받아들이지 못한다. 습관적인 행동을 하는 데 필요한 무의식적인 사고는 할 수 있지만 거의 닫혀 있다. 닫힌 상태는 중독을 만들었던 그 상황 안에 시멘트처럼 굳어 있는 자신의 불안을 보고 싶지 않아서 습관으로 특정 행동, 특정 생각, 특정 감정을 반복하면서 삶의 다른 차원이나 의미를 모르는 것이다.

공기업 은퇴를 앞둔 남 부장이 자신의 일 중독 태도가 자신의 신체와 주변에 미친 영향을 관찰하고 본인이 자랑스럽게 지켜온 일 중독에서 빠져나오게 된 이야기를 소개한다. 남 부장이 소속된 팀은 소위 해외파가 대세이며 성공가도에 접근하기 수월하다. 그는 대세가 아닌 비주류로서 늘 고군분투하면서 주류 해외파로부터 소외감을 느낄 때마다 업무에 몰입했다고 한다. 노후자금, 학비, 자녀결혼 등 미래의 불확실성에 빠져들 때마다 이를 악물고 일에 몰두했다. 일을 열심히 하는 것은 잘못이 아니다. 그런데 그 열심을 다하는 이면에 발목을 잡고 있는 비밀이 있었다. 그 생각의 비밀은 자신이 능력으로 그 자리에 온 것이 아니라 사실은 상사를 잘 보필한 보상으로 주어진 자리라는 믿음이다. 그래서 늘 자신의 비밀스러운 이야기에 따른 굳어진 생각은 잠깐의 여유만 있어도 그 틈새로 쓰나미처럼 몰려든다. '힘에 부친다,' '나의 바닥이 드러나면 어떡하지?', '여기까지 왔는데 성공하지 못하면 나를 어떻게 판단할까!' 그래서 더욱 열심히 일했고 이 패턴은 반복적으로 강화될 수밖에 없었고 이러다가 언젠가 방전되면 쓰러질 것 같은 위기감을 느꼈다.

물론 일 중독은 불안한 신념과 생각에 빠져 노심초사하는 자신의 모습을 한 방에 날려버릴 수 있어 좋은 방법이었음에 분명하다. 그런데 은퇴를 앞두고 회사를 떠나서 느끼는 소외감에서 오는 불안에 대처할 방안을 찾을 수 없을 것 같아 더욱 불안해진다.

이러한 특정 행동의 중독은 강력한 집념으로 고착될 위험이 있다. 아내와 갈등이 심했던 고객은 아내가 집 안 정리에 중독되었고, 자신은 일에 중독되어 있다고 했다. 통제에 대한 욕구가 강한 아내는 집 안 정리 정돈을 통해 통제에 대한 욕구를 해소했다. 반면 고객은 통제에서 달아나기 위해 일에 몰두했다. 일을 마치고 귀가 후에 가정에서 겪어야 하는 또다른 스트레스로 힘들었기 때문에 회사에 남아 일을 하는 선택을 했다. 이 모든 상황에 압도당하는 감정이 싫어 일에 묻혀 있는 편이 차라리 편하다는 것이다. 물론 단기적으로 일을 하니 무엇인가는 유익함이 있겠지만 고객은 전혀 행복하지 않았다. 답답함이 몰려올 때, 스트레스로 압도당할 때, 그 감정을 헤아릴 수 있다는 것을 믿을 수 없었다. 그 짧은 순간에 어떻게 감정을 헤아리고, 자신이 진짜 원하는 모습을 궁리할 수 있는지 몰랐다.

우리의 코칭은 비밀스러운 이야기가 쓰나미처럼 몰려드는 순간의 생각들을 모두 작성하는 데 역점을 두었다. "나는 분명히 밀려나겠지. 이정도면 파이팅해 왔네. 진짜 내 실력으로 온 것도 아닌데 뭐! 내가 할 수 있는 것이 더는 없어. 나는 할 만큼 했으니까 더는 불안해하지 않아도 돼. 이렇게 희생해 왔는데 나를 알아주는 사람은 아무도 없어. 왜 부모는 모든 것을 내주어야 해? 아이들을 위해 어디까지 버텨야 하나? 더는 이야기하고 싶지 않아. 진짜 내가 원하는 것은 무엇일까?"

일 중독으로 도피하게 만드는 생각은 모두 과거를 지향하고 있다. 과거의 행동에 집착한 상태로 살아가는 자신을 발견했다. 고객은 자신의 내밀한 이야기를 다시 쓰기로 했다. 일 중독은 웰빙의 삶을 향해 진짜 자신이 원하는 것을 창조하는 일로 다시 쓰였다. 순간 불안하고 다소 우울했던 느낌에서 잔잔한 열정의 파문이 일었다.

행복한 삶을 살아가는 데 비법이 있을까? 행복은 티가 나는 것이라고 했다. 삶의 의미를 선택하고 살아가는 과정에서 내면으로 방출하는 에너지가 보이지 않는 파동으로 드러난다. 누구보다 일을 많이 해서, 많은 물건을 소유해서, 많은 인맥을 쌓아서, 출세를 해서가 아니다. 남 부장이 늘 느껴왔던 알 수 없는 불안을 달래기 위한 방편으로 평생 대처해 왔던 일 중독이 행복한 삶의 비법이 아니었다. 그의 삶의 현장에서 드러났던 에너지는 불안과 스트레스였다. 인사발령이 있을 때마다 온 가족이 함께 떨었다. 영화 〈쿵푸팬더〉에서 팬다 쿵푸가 마스터를 찾아가 가장 맛있는 요리비법을 전수받는 감동적인 순간에 발견한 것은 'Nothing', 아무것도 없는 빈 종이었다. "이 세상에 비법은 없다. 단지 있다면 네 안에 있다"는 마스터의 말처럼 행복의 비법은 세상에 없다. 비법은 내면의 존재에 있다.

4장

비전의 부재

살아갈 이유를 지켜줄 작은 목표

니체가 "왜 살아야 하는지 아는 사람은 그 어떤 상황도 견딜 수 있다"고 말한 중심에는 삶의 목적이 있는 사람은 지금을 견딜 힘이 있다는 것을 강조한다. 그래서 실존철학에서는 비전이 없는 사람은 죽은 자와 같다고 본다. 혹독한 현실을 버티게 할 수 있는 힘은 살아야 할 이유, 그 이유를 견지할 지금 당장의 강력한 목표를 가져야 한다는 것이다.

남편은 은퇴 후에 더 이루어야 할 목표가 없었다. 게다가 의미가 없다고 했다. 그렇게 은퇴 이후 무미건조한 삶을 살던 중에 우리 가정에 고통이 침입했다. 억울한 일을 당하여 평생 처음으로 소송을 했고 문제가 해결되기까지는 고통을 인내할 시간이 필요했다. 그 시간을 버텨내는 것이 남편에게 당면한 목표가 되었다. 남편은 스스로 숙제를 만들었다. 가장 어려운 도전과제를 스스로 부여했다. 평소에 영어를 싫어하던 그가 영어 원서를 읽기 시작했다. 깨알같이 모르는 단어를 적어가면서 그 책을 완독하는 데 목표를 두고 그 과정을 버틸 수 있는 장치를 스스로 마련했던 것 같다. 2년 동안 머릿속에 다른 생각, 포기하고 싶은 유혹이 들어오지 못하도록 어려운 주제의 도서를 선택해서 읽어갔다. 평소에는 책꽂이에 있는 책들을 거들떠보지도 않던 그였다.

은퇴 이후 그가 늘 하던 말은 "내 인생에서 더는 기대할 것이 없어." 나머지 인생을 물쓰듯 흘려버리면 되는 사람처럼 살았다. 마찰과 갈등도 많았다. 그랬던 그가 고통 가운데서 문제를 해결하기 위해 억지로 세운 목표로 이전과는 다른 사람이 되었다. 문제가 해결되기 전에 이미 '어떤 사람'이 되어가는 것을 느꼈다. 삶에 대한 태도가 근본적으로 바뀌었다. 이 생이 자신에게 무엇을 해주지 않아서, 기회를 주지 않아서 늘 야속해하던 그가 더는 투정하지 않았다. 소송도 원고 승소로 판결이 났기 때문에 짓누르는 고통에서 자유롭다고 뛰쳐나갈 수도 있었을 것이다. 그러나 그저 덤덤했다. 남편은 '그 어떤 사람'이 되어 가는 과정에서 교훈을 얻은 듯하다.

지난 2년 동안 감내한 고통을 통해서 자신이 보였다고 말한다. 어린 시절 어떤 트라우마로 책임지지 못했던 상황이 평생 죄책감으로 남았기에 책임을 떠맡는 일을 두려워했다. 남편은 그 이유를 자신 안에서 발견했다. 어떤 문제가 생기면 늘 해결책을 밖에서 찾았고 그 책임을 떠맡는 것이 부담스러워 던져 내리고 했던 것이 자신이 진짜 원했던 것이 아님을 깨달았다. 여전히 트라우마로 두려움에 떨고 있는 과거 속의 자신을 보낸 것 같았다. 이제는 작은 선택에서부터 자신의 삶에 대한 책임을 받아들이며 살고 싶다고 했다.

비전이 없는 자는 죽은 자이다

요즘을 뷰카 시대라고 말한다. 즉 변동성(Volatility), 불확실성(Uncertainty), 복잡성(Complexity) 그리고 모호성(Ambiguity)이 큰 시대라고 표현하는 것이다. 상황은 늘 변화무쌍하여 불확실하고 정확히 예측하기 어렵기에 모호하고 전 세계가 연결되어 있기 때문에 복잡하다. 이러한 뷰카의 특성은 마치 늘 하던 생각과 행동을 하지 않을 때 우리가 느끼는 내면의 상태와 흡사하다. 한 번도 시도해 보지 않은 어떤 일을 선택할 때 그 결과가 어떨지 모르기 때문이다.

　세상 밖으로는 언제 또다시 코로나19나 러시아-우크라이나 전쟁 같은 상황이 세계 경제를 위협할지 아무도 예측할 수 없다. 불확실하고 급변하는 변화와 도전에 대응하기 위해 요즘 우리들이 느끼는 심리적인 불안이 그 어느 때보다 높다. 불확실성의 시대가 이처럼 피부에 와닿은 시기가 또 있었을까 싶을 정도로 예측불허의 시대에 살고 있다. 내일 일이 어떻게 될지 모르는 이런 시대에 비전이 필요할까 물을 수도 있을 것이다. 역설적으로 그 어느 때보다도 필요하다고 감히 말한다. 불확실할 때 우리의 심리적 감정은 두려움이다. 이 시대의 삶이 두려움과 긴장의 연속이라면 자신은 어떤 모습이어야 할까? 우리의 인생 역시 불확실성의 연속이라면 어떻게 땅을 딛고 살지 벌써 마음이 저려온다.

　우선 내 인생에 대해서 통제권을 가져야 한다. 내 삶의 주인이 되어야 한다. 불확실하기 때문에 더욱 내가 통제할 수 있는 부분에 집중해야 한다. 하루에도 오만 가지 생각을 넘나든다는 자신의 마음 밭에 온통 불확실한 생각들이 자라나도록 허락한다면 내 자신이 어떤 모습이 될지 두렵지 않은가? 종종 오만 가지 생각이 오가는 우리의 마음을 정원에 비유한다. 정원의 모습을 상상하는 것은 어려운 일이 아니다. 정원은 하루

만에도 잡초가 무성해진다. 작은 텃밭을 일주일만 가꾸지 않아도 잡초는 키를 넘어선다. 예전에는 작은 정원이 있는 아파트에서 살았는데 어디서 날아드는지 일주만 되면 무성해지는 잡초들의 난장판에 정원 딸린 아파트가 얼마나 귀한 것인지 모르고 힘들어하다 결국은 그 정원은 주인을 갈아치웠다. 소유한 것에 대한 감사를 모르고 당연시할 때 내가 당연시하는 것이 나를 떠나게 된다는 한 철학자의 말이 생각났다. 그 아파트를 누릴 여유가 사라졌다. 그때 아름다운 정원을 가꾸는 일에 집중했다면, 감사했다면 그 의미와 즐거움에 작은 정원을 가꾸는 일이 그렇게 부담스러운 일을 아닐 수도 있었다.

  뇌에서 일어나는 수많은 생각들도 마찬가지다. 뇌는 볼 수 있지만 생각들이 오가는 것을 볼 수는 없다. 정원에 뿌려진 씨앗이나 그 사이를 비집고 자라는 잡초도 관리해야 하듯이 오만 가지 생각도 관리하지 않으면 우리의 머릿속을 난장판으로 만들 것이다. 잡초에 해당하는 쓸모없는 생각을 뽑는 일에 집중한다면 인생은 의미 없는 고난의 연속일 수 있다. 정원에 드러날 열매에 집중할 때 삶의 이야기는 달라질 것이다. 나의 미래 모습을 씨앗으로 심어서 매일 물을 주고 자라나도록 함으로써 적어도 잡초에 좌지우지하지 않도록 분명한 통제권을 가지고 살아야 한다. 이것이 일상의 불확실성에서 자신이 할 수 있는 일에 확실성을 갖는 것이다.

  누구도 방해할 수 없는 시간에 누구도 통제할 수 없는 방식으로 스스로 확실하게 지켜가는 비전이 있다면 불확실성의 시대가 나의 삶에 들어와서 방해할 수 없을 것이다. 우리가 삶에 어떤 종류의 스토리를 쓸 것인지는 자신이 선택하는 것이다. 잡초의 이야기를 쓸 것인가? 열매의 이야기를 쓸 것인가? 나의 인생 스토리는 무엇으로 만들고 싶은가! 다행스러운 것은 잡초의 이야기를 만들고 난 이후에도 괜찮았다는 것이다. 열매에 대한 갈망이 더욱 강렬해지기 때문이다. 성장하고 강건해지는 삶의 과정에서 우리가 느끼는 기쁨이야말로 인간의 기본적인 욕구이다. 이것이 소크라테스가 언급한 행복의 정의이다. 이 과정은 사람들이 생각하는 성공의 모습과는 다를 수 있지만 자신만 아는 말로 표현할 수 없는 기쁨은 이미 성공을 잉태하고 있기 때문에 성공의 척도는 문제가 되지 않는다. 오히려 문제는 이 기본적인 욕구를 억눌러 자신의 내면의 존재와 멀어지게 될 때이다.

  사회가 허락한 패턴대로 살면서 상대와 비교하고 상대에게 있는 그 무엇이 자신에게 보이지 않으면 상대적 박탈감을 느끼고 다른 대체재로 메꾸려 한다. 이렇게 우리들은 내면의 존재와 멀어지면서 아무리 열심히 살아도 기쁘지 않고 충만하지 않은 감정을 느끼게 된다. 이 감정은 우리를 불행한 존재라고 느끼게 한다. 자신의 내면의 존재가 진정으로 느끼는 갈망과 반대의 방향에 있기 때문에 에너지의 불일치를 야기하기 때문이다.

  이러한 인간의 모습에 대해 니체는 이렇게 말했다. "우리는 봄마다 껍질을 벗고 새로운 옷을 입는 나무와 같다. 우리의 정신은 끊임없이 젊어지고 더 커지며 강해진다." 우리는 이처럼 봄마다 새로운 옷을 입을 준비를 하는 자연의 속성과도 같다. 비전을 이뤄가는 과정에서 우리의 정신은 끊임없이 젊어지고 강해진다. 그 비전 안에서 되고 싶은 나의 모습은 오늘의 나에게 영향을 미친다.

물론 고통을 지나면서 깨닫는 축복도 있다. 그러나 반드시 고통을 겪고서야 교훈을 얻고 싶지는 않을 것이다. 비전을 선택하고 그 이유를 아는 자는 뿌리를 깊이 내린 나무와 같다. 뷰카의 환경에도 불구하고 활력과 기쁨이 충만한 에너지를 내면으로부터 끌어올려 주변 환경에 선사할 수 있는 삶을 살 것이다.

미래의 존재(FUTURE SELF)와 단절된 경우

코칭에서 나는 종종 고객의 퓨쳐 셀프, 즉 미래의 자신이란 개념을 대화 현장에 초대한다. 고객들은 어색하고 실재하지 않는 허구의 개념으로 생각하던 미래의 자신에 몰입할 때 고객의 에너지 장이 완전히 반전되는 것을 느낀다. 심리학에서도 과거에 기반한 인간 이해의 패러다임에서 미래에 기반한 현재의 나를 이해하는 패러다임으로 전환되면서 퓨쳐 셀프는 더는 추상적인 개념이 아니다.

미래의 자신과 대화하는 고객은 양자물리학의 시공을 넘어선 양자장의 가능성에서 자신의 정의가 달라진다는 것을 느낀다. 고객은 미래의 자신의 정체성이 달라진 것을 알아차린다. 고객은 코칭에서 말하는 '인간은 민첩하고 기지가 충만하고 온전하고 창의적이고 지혜로운 존재'라는 정의가 더는 추상적인 개념으로만 존재하지 않는다는 것을 함께 알아차린다. 고객이 특정 용어의 정의를 내재화하는 순간이다. 어느 대화에서도 존재 대 존재가 이야기를 펼쳐 나갈 때, 우리는 심리학에 대한 학문적인 이해 없이 서로 존중하며 의미 있는 대화를 이어갈 수 있다는 것을 안다. 자신이 그리고 있는 미래의 자신이 바로 열매라는 것을 믿는다. 자신이 되어 갈 바로 그 사람이라는 것을 안다. 마치 퓨쳐 셀프는 마술 지팡이를 타고 시공을 넘나들 듯 미래의 자신이 지금의 자신에게 많은 정보를 쏟아붓는다. 놀라운 것은 고객의 내면에 이미 존재해 있다는 듯이 자신의 퓨쳐 셀프를 자연스럽게 만난다. 그 안에서 자신이 가장 가치 있게 여기는 것을 지금 이곳으로 가져올 힘을 끌어내 마법 같은 삶을 펼칠 준비를 스스로 할 수 있다.

왜 우리들은 평소에 이러한 종류의 사고를 하지 않았을까? 그 이유는 우리는 미래를 보도록 자극 받을 기회가 없던 것뿐이다. 자신의 미래를 그리지 못하는 것이 아니다. 아무도 그렇게 초대하지 않았기 때문이다. 뇌과학에 의하면 미래를 그리는 것은 우리 뇌의 40%나 차지하는 전두엽인데 그 엄청난 자원을 사용하지 않고 있다. 우리는 대부분 습관적으로 작동하는 뇌기능에만 주로 열려 있다. 확실한 것을 볼 때 안전하다고 느끼는 방어기제와 습관의 뇌를 주로 활성화한다. 생존 본능의 강한 욕구 중에 하나인 안전지대에 머물고자 하는 과거 지향의 패턴 때문이다. 이렇게 되면 운명의 굴레에서 빠져나오기 어렵다. 소위 말하는 업보(카르마)를 지속하는 삶을 살아갈 뿐이다.

대부분 퓨처 셀프를 물으면 답하지 못하는 경우가 많다. 나도 그랬다. 무엇을 원하거나 하고자 하는 것에 대해서는 말할 수 있지만 왜 원하는지에 대한 이야기를 하려면 멈춰버린다. 이러한 대화는 전전두엽을 열어야 하기 때문이다. 우리에게 익숙한 대화 방식도 아닐 뿐더러 이러한 대화 방식에 초대된 적이 거의 없다.

그럼에도 불구하고 우리는 무한히 가능한 존재다. 자신을 정말 설레게 하는 일이 무엇인지, 관심 분야, 혹은 잘하고 있거나 잘해왔던 일을 지속한다면 어떤 모습이 될지에 대하여 질문하면 가슴을 열고 탐색하기 시작한다. 문제에 골몰한 한 고객에게 자신의 삶에서 반드시 이루고 싶은 강력한 목적은 무엇인지 질문했을 때, 그는 자신의 미래로 퀀텀 점핑을 하여 자신의 존재와 만나 해결책을 찾아냈다.

하버드대학의 심리학 교수 숀 아처(Shawn Achor)는 자신의 내면의 힘으로 자신이 경험하는 현실이 마음에 들지 않으면 언제든지 브레이크를 걸고 자신이 원하는 현실을 만날 수 있는 위대한 존재라고 말한다. 원하는 모습에 집중할 수 있도록 지원하는 시스템을 갖춘 위대한 존재라는 사실을 뇌과학으로 설명한다. 두뇌는 환경에서 매초 1,100만 개의 정보를 수신하지만 처리할 수 있는 정보는 초당 40비트에 불과하다. 뇌는 1,100만 개의 정보 중 무엇을 무시할지, 무엇을 수신하여 처리할지 선택한다. 따라서 우리의 현실은 수많은 정보 중에 매우 적은 양의 선택적 정보의 결과다. 내가 집중하기로 선택한 것은 세상을 인식하고 해석하는 방식을 형성한다. 지금 내가 나의 퓨쳐 셀프에 집중하면 뇌의 RAS(Reticular Activating System) 기능에 따라서 정보가 입력된다는 사실은 뇌과학 연구가 자기계발에 미친 지대한 업적이다. 영어 표현이 간단하고 강력하여 공유한다.

Who you are is what you focus on!

2부

애쓰지 않아도 괜찮을까?

보이지 않는 에너지를 느낄 수 있는 그대

 강의를 오랫동안 하다 보니 현장에서 개인에게 느껴지는 존재감을 가장 빠르게 알아차린다. 대여섯 명에서부터 사오십 명에 이르기까지 한 클래스에 참여하는 학생수는 다양하다. 삼십 명 이상이 함께하는 공간에서는 존재감이 남다른 몇 사람이 눈에 들어온다. 강한 카리스마를 의미하지 않는다. 수려한 외모나 화려한 옷매무새를 의미하지도 않는다. 물론 모두에게 몇 초의 눈길은 머물기 마련이다. 그러나 오랫동안 느낄 수 있는 존재감은 어느 자리에 앉아 있든지 빛이 피어오른다. 찬란하거나 요란하지 않다. 매우 견고한 혹은 부드러운 에너지가 느껴진다. 자신을 피력하지 않아도 무엇 때문에 이 자리에 있는지를 온몸으로 표현하고 있는 듯하다. 무언가 다르다는 것을 감지하지만 당연시했다. 그저 훌륭한 유전자를 물려받았거나 좋은 환경이 뒷받침됐겠지 하고 가정했다.
 그러나 학기를 마치고 개인적 친분을 쌓게 되면서 놀라운 비밀을 발견하곤 한다. 보이지 않지만 무언가 다른 티가 나는 그들을 돌아보니 공통점이 있다. 존재감이 남달랐던 그들은 생각과 행동이 존재에서 나오는 에너지와 동일하다. 겉사람과 속사람이 어우러지는 통합된 에너지가 느껴진다. 가볍게 흔들리는 뿌리 깊은 나무처럼 유연하지만 심지는 굳건한 모습이었다. 존재감이 드러나는 사람들은 자신에게 이 두 가지 마음이 있다는 것을 아는지는 모르겠지만 분명한 것은 두 가지 마음이 잘 어우러진 모습이 드러난다. 그 티가 나는 사람들은 자기 중심적인 생각과 행동을 하는 에고(ego)라는 존재와, 타인과 사회와 전체와 연결된 생각과 행동을 하는 영성(spiritual)적 존재라는 두 가지 마음을 이해하고 통합하는 지혜로운 자들이다. 이렇게 나의 스승들은 곳곳에 존재했다.

정보기술의 발달로 인간을 이해하기 위한 접근방식이 다양해졌다. 현대의 과학기술은 이 두 존재가 생각하고 느끼고 행동할 때 뇌기능과 뇌의 지도를 fMRI라는 기계로 측정할 수 있다. 또한 어떠한 존재로 임하는가에 따라서 어떤 호르몬이 분비되고, 에너지를 잘 활용하고 소모하는지 과학적인 분석도 가능하다. 혹독한 환경이라도, 어려운 도전으로 가득해도 우리에게 가능한 두 존재를 알고 내 안에서 주인의 통제권으로 생각을 통합한다면 더는 환경의 희생자가 되지 않는다. 그렇게 애쓰지 않아도 마법처럼 기회와 해법이 내 앞에 나타나는 것을 경험할 것이다.

모든 사람의 내면에 이미 가지고 있는 두 존재가 인생을 살아가는 데 반드시 필요하다는 것을 아인슈타인에 이어 피터 드러커 역시 같은 맥락으로 말했다. "오늘 당면한 문제를 해결하는 것이 어려운 이유는 어제의 의식 수준에서 어제의 생각으로 해결하려고 애쓰기 때문이다." 다시 말해서 문제의 솔루션을 찾으려면 다른 차원의 존재에서 비롯되는 사고

방식이 필요하다. 이 사고방식은 영적 존재의 의식에서 비롯된다.

이 세상에 태어나는 물리적인 환경이야 다르겠지만 누구는 금수저, 누구는 은수저, 심지어는 흙수저로 비유하는 것은 사람을 그저 육신만을 소유한 동물적인 존재로 여기는 생각이다. 어느 수저를 타고났는지 분류하는 것이 무슨 의미가 있을까? 수저의 종류를 단기적으로 원하는 대로 바꾸는 것은 자신의 통제를 넘어서는 일이다. 노력하고 애쓴다고 외부환경을 쉽게 바꿀 수는 없다. 트럼프 타워의 욕실이 금으로 장식되어 있다는데 그곳을 매일 사용하는 아들로 태어난 금수저를 갈망하고 자신이 원하는 시점에 그 사람이 되는 일은 오랜 시간이 걸려도 실현될 확률이 거의 없을 수도 있다.

그런데 수저의 종류를 바꾸는 것에 목적을 두기보다는 비록 흙수저일지라도 자신의 일에서 삶의 의미를 찾고자 하는 다른 존재의 욕구를 가질 때 역설적으로 물리적 환경이 바뀌는 결과를 만날 수 있다. 이는 가장 오랜 베스트셀러인 성경에서도 보장하는 격언이다.

네가 자기 일에 능숙한 사람을 보았느냐? 그는 왕들 앞에서 섬길 것입니다.
_ 잠언 22장 29절

자기 땅을 경작하는 자는 그의 삶의 모든 면에서 풍요로울 것입니다.
_ 잠언 12장 11절

자신의 일터에서 묵묵히 경작하며 삶의 의미를 찾는 사람들은 반드시 풍요로운 삶이 따라온다는 것을 알 수 있다. 자신의 일과 삶에서 목적과 의미를 찾는 존재는 불가능이 없다. 영성의 존재는 시공을 초월하기 때문에 무한하다. 영성적 존재로 살아갈 때는 수저의 종류에 집착하지 않는다.

심리학과 코칭에서 정의하는 인간은 창조된 원래의 취지대로 '본질이 창의적이며 삶을 살아가는 데 모든 것을 활용할 수 있는 수완이 있으며 전체성을 닮은 온전한 존재'이다. 내면의 존재가 겉사람의 내가 생각하고 행동하는 것을 관찰한다면 환경에서 오는 자극과 그것에 반응하는 것 사이에 있는 자신을 마주할 수 있다. 들숨과 날숨 사이에 찰나의 멈춤의 공간이 있듯이 그 공간 안에서 두 존재가 통합되어 지금을 바라볼 수 있다. 이렇게 내면의 존재가 무엇이고 어디에 있는지 알고 주인의 삶을 살아갈 때 분명히 금수저 부럽지 않은 삶이라고 장담할 수 있다.

1장

애쓰지 않을 수 있는 그 힘, 하이어 셀프란 무엇인가?

온전한 나의 반쪽, 하이어 셀프^{Higher Self}

우리는 저마다 놀라운 내면의 힘이 있다. 그것은 불편함을 견디고, 만족을 지연시키고, 의미 있는 일을 먼저하고, 환경의 자극이 그 순간의 현실이든, 과거의 경험에서 재생되는 자극이든 받아들일지 말지를 선택적으로 결정하고 주어진 상황에 대한 반응을 통제할 수 있는 힘이 있다. 인생의 바닥에서 포기할 수 있었음에도 자기 자신을 붙들고 일어나는 내면의 힘이 있다는 것을 막연하나마 한 번쯤은 경험했을 것이다. 두려운 상태에서도 신뢰의 상태로 스스로 전환할 수도 있음을 아는 힘, 불현듯 행복해지겠다는 내면의 의도가 느껴지는 그런 힘 말이다.

"인생 뭐 있겠어!"라는 신념하에 자신을 작은 틀 안에 가두고 살아가게 만드는 안전지대의 무기력한 상태로부터 벗어날 수 있을 만큼 강력하고 긍정적인 에너지가 솟구쳐 오르는 순간을 느낄 때도 있다. 그래서 주저앉은 자신을 일으켜 앞으로 집중하여 나아가도록 스스로 독려하는 힘을 아주 가끔씩 경험한다.

막연히 내 안에는 남다른 무엇이 있다고 느꼈다. 실은 우리 모두에게 있는 그 무엇이다. 그러나 아무도 이 존재에 대해 구체적으로 이야기하지 않기 때문에 우리들은 모른 채 살아간다. 내면의 존재를 모른 채로 살아갈 때, 대부분 외부 환경과 상황에 순응하거나, 투쟁하거나, 혹은 도피하는 방법 말고는 자신에게는 주어진 힘이 없다고 믿는다. 그래서 환경의 희생자라고 느낀다. 또는 외부 환경이 자신을 억압하고 제한하고 있다고 믿는다. 환경에 대한 이러한 반응은 반복 강화되어 습관의 회로를 만든다. 그리고 패턴이 되어 깊이 새겨진다. 모든 사람은 이러한 억압을 의식하지 않고 그저 인생이려니 하고 받아들이며 살지만 무의식적으로는 억압을 느낀다. 그렇기 때문에 우리는 여행을 좋아한다. 여행하는 순간만큼은 온전한 자유를 누린다고 믿기 때문이다. 이 또한 근거 없는 환상이라는 것을 우리는 잘 알고 있다.

그런데 환경에 대처할 수 있는 힘이 없는 무기력한 상태에서도 잠시 멈추어 무엇이라도 보려고 하거나 들으려고 할 때 신음하듯 작은 목소리를 듣곤 했다. "나는 이렇게 살고 싶지 않아", "나는 행복한 삶을 함께 살고 싶어", "나도 할 수 있어!" 내면에서 올라오는 그 힘에 집중했을 때 물리적 현실을 바꾸는 능력도 생겨난다. 행동할 수 있는 힘이 생겨났다. 그래서 나는 인간의 꿈과 욕망은 그저 바람일 뿐이지 불가능하다고 말하고 판단하는 가족이나 지인, 또는 사회의 편견을 믿지 않는다. 그들의 생각과 신념은 나에게 더는 영향을 미치지 못한다.

우리 모두에게 있는 자신의 반쪽은 늘 내면 그 자리에 있다. 그곳에서 우리를 지켜보고 돕는다. 우리가 할 일은 내면으로 들어가 나를 위해 존재하는 나의 반쪽을 만나야 한다. 나를 찾으러 가는 길에 필요한 것이 있다. 자신의 내면의 존재, 영적 존재인 자신의 반쪽을 찾아가는 길은 매우 간단하지만 용기가 필요하다. 그래서 이 과정을 시인 예이츠(William Butler Yeats)는 이렇게 묘사했다. "자신의 영혼을 만나기 위해 어두운 생각을 뚫고 내면을 살펴보는 것이 군인이 전장에서 싸우는 것보다 더 큰 용기가 필요하다." 이 탐색은 누구도 대신해 줄 수 없다.

어두운 방에 빛이 들어오도록 하려면 플러그가 어디에 있는지 더듬거리면서 그 위치를 찾고 코드를 꽂은 뒤에 스위치를 올려야 한다. 그러면 빛과 함께할 수 있다. 내 안에, 내 생각에 빛이 들어와야 하기 때문에 스스로 스위치를 올리는 방법을 알아야 한다. 종잣돈이 있어야 하는 자본투자와는 달리 시간, 에너지, 관심, 마음의 투자만 있으면 된다.

어두운 방을 개인의 제한된 사고방식이라고 부르고, 불이 켜진 방을 내면의 존재와 연결된 사고방식이라고 표현하기로 하자. 빛으로 비유되는 내면의 존재는 온전하고 완벽한 의식이다. 창조주가 모든 인간의 내면에 심어둔 신성을 닮은 생각이다. 이 존재의 이름을 하이어 셀프(Higher Self)라 부르고자 한다. 그 이유는 우리 자신이 빛과 함께 조금씩 나아지고 조금씩 생각이 높아지기 때문이다. 빛이 있다는 것을 모르면 그 빛을 사용할 수 없다. 어두운 방에서 스위치를 올리기만 하면 밝은 빛에서 책도 읽고 문명의 이기를 만끽할 수 있지 않은가!

나는 몇 해 전 미국에 있는 딸아이에게 가는 길에 비행기 좌석이 오버부킹된 뜻밖의 행운으로 비즈니스석을 얻게 되었다. 물론 안락한 환경과 훌륭한 식사 그리고 최고의 서비스에 이미 행복했지만 하이라이트는 두 다리를 쭉 뻗고 취침하며 비행할 수 있다는 것인데, 내가 앉은 의자의 스위치만 올리면 침대로 바뀐다는 사실을 나는 몰랐다. 이코노미 좌석처럼 베개를 폴더 위에 올려놓고 앉아서 쭈그린 채 잠에 들었다. 깨어나 사람들이 누워 자고 있는 모습을 보고 그제서야 알았다. 원래 누릴 수 있는 시스템이 장착되어 있었는데 몰랐을 뿐이다. 스위치를 올리고 빛을 초대하면 얼마나 많은 선물들을 발견할 수 있을까!

나의 힘을 발현한다는 것은 자신을 외부세계에 나타내는 것이다. 자기실현은 자신의 힘을 외부세계에 드러내는 일이다. 이 자기실현은 내면의 힘과 통합되어야 가능하다. 자기실현에 대한 투자는 외부 환경에 대한 투자가 아니라 내부 환경에 대한 것이다. 새로운 마음의 투자이다.

내면에 있다는 개인의 힘을 제한하는 신념을 극복하는 것은 실제 어려울 수 있다. 신념이라는 것은 반복되는 생각이 굳어져 그렇게 믿어버리게 된 상태이다. 대부분 반복적으로 하는 생각은 긍정적이기보다 부정적인 것이 많다. 집단의 잘못된 신념 특히 가족, 국가 또는 종교에 의해 굳어진 신념들도 그렇다. 내가 들었던 가장 끔찍했던 신념 중에 하나는 "여자와 북어는 방망이로 때려야 부드러워진다." 개인이 갖는 신념은 반복되는 경험으로 감정이 묻어나고 생각이 굳어져 강화된다. "나이 들면 머리가 굳는다," "공부할 나이가 이미 지났다," "변화를 만들 자원이 없다," 등은 원하는 환경으로 나아가는 과정에서 좌절을 겪고 굳어진 생각일 것이다. 그러나 엄격히 분석해 볼 때 뿌리내린 습관을 해체하는 일이 어렵기 때문에 자신을 합리화하려는 메시지에 불과하다. 그래야 변화에 실패해도 아프지 않게 자신을 보호할 수 있다. 이러한 신념들이 없다면 기존의 생각과 새로운 경험이 서로 충돌하여 괴롭다. 예를 들어 체중 관리 중에 햄버거를 먹지 말아야 하지만 통제하기 어렵다. 시험이 다음주인데 좋아하는 일이 눈앞에 아른거린다. 원하는 상황을 그려보는 순간 금세 우리 몸은 반응한다. 신념들의 메시지가 괴로운 생각들을 위로한다. "인생 별거 없다!"

분명히 정반대의 신념들이 있다. "불가능은 없다," "모든 문제 안에 해답이 있다," "나는 60조 개의 세포의 지능을 탑재한 600만불의 사람이다." 이러한 신념은 다른 상태의 마음에서 작동이 된다. 부정적인 신념을 고치거나 초월하려고 애쓰는 것이 아니라 다른 상태가 되어야 정반대의 강력한 신념이 떠오른다. 결국 밖에 있는 것이 아니라, 내 안에 있는 어떤 힘의 존재가 떠 오를 때이다.

큰 위로가 되는 것은 온전한 존재는 외부 상황이나 과거의 경험에 의해 자신을 판단하지 않는다. 자신이 경험하는 어떠한 모습도 포용한다. 햄버거를 먹지 않고 체중 관리에 성공한 나도, 실패한 나도, 그 어떤 모습도 내면의 온전한 나에게 영향을 미치지 않는다는 것이다. 나의 반쪽, 나의 베스트프렌드, 나의 도플갱어는 그렇게 나를 위로하고 지지하고 늘 그곳에 있었고 지금도 앞으로도 그러하다. 이 사실을 알고 나를 탐색해서 발견하고 훈련하는 과정은 넘어져도 혹은 기어가도 기쁨과 평화 자유 그 자체이다. 물론 내면의 존재에 기반해서 나 자신을 볼 때 저항하고 싸우고 달아나는 자신을 무수히 지켜보아야 한다. 분명한 것은 존재를 알면 지켜보는 것이 불가능한 일은 아니다. 존재를 경험하기 전에는 지켜보는 것 자체가 불가능하다.

내면에 두 가지 마음의 작동을 이해하고, 그동안 함께하지 않았던 내면의 존재에 접근하는 습관을 형성한 후에 나의 삶이 전과는 다른 모습으로 다가왔다. 내가 원하는 아름다운 사람이 되어 가고 있다. 아직은 도달하지 못했을지라도 예전의 나와는 더는 같지 않다는 것을 안다. 두 존재로부터 나오는 마음을 가장 쉽게 정리하자면 속사람의 마음과 겉사람의 마음이다. 성경에서 두 가지 속성으로 사람을 묘사하는 것은 철학, 심리학, 뇌과학에서 설명하는 것과 동일하고 가장 쉬운 접근 방식이라 앞으로 속사람과 겉사람으로 설명하고자 한다. 속사람은 모든 사람에게 동일하게 존재하는 온전하고 완벽한 영성의 존재이다. 물리적으로 볼 수 없고 만질 수 없지만 분명히 경험할 수 있다. 이 존재의 시각에서는 물리적으로 육신을 경험하는 겉사람도 그 존재의 상태와 함께할 수 있다. 그 상태를 심리학자 칼 로저스는 "모든 사람은 온전하며 창의적이며 자원을 활용해서 모든 문제를 해결할 수 있는 수완이 있으며 전인적이다"라는 정의를 내렸다. 수많은 철학자와 심리학자들은 속사람(Spiritual Being)과 겉사람(Physical Being)으로 분리된 자아를 묘사해 왔다.

내 안에는 조건 없는 사랑이 있다

심리학의 아버지인 칼 융은 인간의 마음을 세 가지로 설명한다. 의식의 생각과 무의식의 생각, 그리고 내면의 존재에 해당하는 셀프(Self), 이렇게 세 가지 종류의 의식이 작동한다고 분석하였다. 가장 깊은 곳에 거하는 셀프는 무의식이란 어둠에 묻혀 있지만 늘 빛으로 존재한다고 말한다. 바로 하이어 셀프에 해당한다. 구름에 덮여 보이지 않아도 태양 빛은 그 너머에 늘 있듯이 무의식의 온갖 상념과 생각의 너머에 순수의식이 있다고 설명했다.

칼 융의 심리학을 이해하는 그림에는 세 가지 의식이 우리 몸 안에 공존한다. 셀프라고 칭하는 순수의식을 그는 인간의 내면 깊은 곳에 있는 무한한 지성이며 무조건적인 사랑이라고 묘사한다. 그래서 빛이다. 무의식의 생각들을 데이비드 호킨스는 어둠이라고 불렀고, 이 어둠을 멈춰 세울 수 있는 힘은 빛이 거기에 있기 때문이라고 분석하였다

코칭이란 대화 방식 역시 바로 이 세 가지 의식이 내면에서 서로 대화하도록 촉진하고 온전한 존재로서 자신을 통합된 존재로 볼 수 있도록 돕는다. 내면의 존재에 접근하여 그 의식 상태에서 고객 자신이 처한 문제적 환경과 조건을 볼 수 있을 때, 그 내면의 존재 안에서 이슈는 해결되는 경우가 많다. 존재하는 내면의 힘에 접근할 때 모든 환경과 조건은 해답을 찾아내는 자원이 될 수 있기 때문이다. 내면 존재의 특성을 순수의식이라 칭하기도 한다. 순수의식이란 조건 없는 사랑, 순수한 호기심, 열정, 온정, 창조 등을 일컫는다. 이러한 의식을 느낄 때, 이따금씩 우리는 하이어 셀프와 조우하게 된다. 주로 여행지에서 무심한 가운데 자연의 경이로움을 접할 때 문제가 더이상 문제로 느껴지지 않는 경우에 해당한다.

나는 코칭 분야에서 마스터 코치가 되어서야 존재에 대한 탐색을 시

작했다. 진정한 호기심으로 하이어 셀프가 무엇인지 경험하고 싶었다. 이론적으로 알고 그런 존재라고 강조하고 있었지만 나는 겉사람의 메커니즘으로 살고 있음을 깨달은 후 탐구를 시작했다. 잠재의식의 내면의 힘으로 들어가는 비밀의 문을 찾아낼 수 있었다.

코칭 대화에 참여하는 고객들은 자녀와의 문제, 변화를 원하지만 직면해야 하는 어려운 도전들, 배우자와의 불화, 커리어, 승진, 건강 등 삶의 이슈를 겪는다. 그럼에도 현재 상태에서 꿈을 향한 도전을 멈추지 않는다. 현재의 상태보다는 원하는 상태에 달하고 싶은 갈망이 고객들을 코칭 대화로 이끈다. 보다 효과적으로 빨리 쉽게 원하는 상태에 도달하기 위해서 코칭을 선택한다. 코칭 역시 현재 상태(As is)에서 원하는 상태(To be) 사이의 간극을 줄이기 위한 무수한 방법 중에 하나다. 그러나 내가 매료된 코칭의 방법론은 내면의 존재로 접근해 들어가는 대화론이다.

코치인 내가 내면의 존재에 있을 때 놀라운 경험을 하곤 한다. 다시 말해서 칼 융이 말하는 내면의 빛과 함께하는 순간이다. 내면의 빛은 조건 없는 사랑이다. 코치가 코칭 현장에서 이 힘 안에 존재하면 고객은 놀라운 경험을 한다. 코칭 대화에서 고객이 가지고 온 문제는 일단 코칭 대화의 에너지 안에 들어오면 작은 입자가 되고 이내 파동이 되어 공간에서 함께 춤춘다. 코치의 하이어 셀프의 에너지는 고객과 연결되어 대화를 이끌어간다. 내면의 빛은 지금 여기에 존재하기 때문에 두 사람의 뇌의 기능에도 영향을 미친다. 그 빛은 전전두엽의 거울 세포를 자극하며 함께 서로를 미러링한다. 고객은 코치의 존재적 파동과 일치해 가는 것을 느끼곤 한다. 두 사람의 대화는 무한한 가능성을 탐색하는 데 두려움에서 신뢰의 상태로 빠르게 이동하는 것을 느낀다.

칼 융이 말하는 생각 깊은 곳에 거하는 셀프의 빛은 속사람의 속성이다. 학자들의 다른 표현일 뿐 진 자아(true self), 진아, 내면의 존재는 모두 하이어 셀프를 의미한다. 나는 속사람의 속성을 하이어 셀프로 칭하기로 결정한 이유가 있다. 내면의 존재가 그저 분리된 반쪽으로 있기보다는 에고라고 불리는 겉사람인 나를 어제보다 더 높은(higher) 존재로 이끌어가는 힘을 보고 선택한 이름이다.

고객과 코칭 대화를 할 때 깨달은 것이 바로 이 지점이다. 하이어 셀프의 힘을 삶의 현장에 자주 초대하려는 실용적 의도가 있다. 코칭의 탁월성은 문제 해결방식을 기존 습관의 패턴을 파괴적일 정도로 혁신하는 데에 있다. 그래서 실행력이 높고, 실행을 통해서 배우고 성장하기 때문에 성과도 따른다. 고객이 가지고 온 이슈나 문제를 단순히 고객이 처한 시선에서 해결하도록 돕는 것은 코칭이 아니라고 감히 말할 수 있다. 습관적인 패턴으로 일관된 삶의 운영방식에서 파괴적 혁신이 나올 수 없기 때문이다. 즉, 하이어 셀프의 개입이 있어야 의식의 차원이 달라진다.

칼 융의 《인간의 이해》 바탕으로 해석한 코칭 대화의 3가지 의식
"의식(새로운 생각), 에고(무의식적 생각과 행동) 하이어 셀프 (잠재의식의 영적 존재)"

AI도 할 수 없는 파괴적 혁신은 내면의 의식이 앞으로 나와서 자신과 통합될 때 가능하다. 대부분의 고객은 통합된 자신 안에서 다른 에너지장에 들어와 있다는 것을 느낀다. 침착함, 긍휼함, 호기심, 명료함, 자신감, 창의력, 용기, 연결 등 보이지 않는 것에 접근한 자신의 존재를 느끼며 이전의 심각했던 문제에 대한 새로운 접근방식을 제시할 수 있다.

여전히 혹독한 비바람이 있지만 내면에서 마음의 눈으로 창밖의 환경을 내다볼 수 있는 힘에 연결된 자신을 느낀다. 모든 사람은 자신보다 더 높은 의식의 존재에 접근할 때 어떤 어려움에 직면해도 헤치고 나아갈 새로운 생각과 수완을 찾게 된다. 코칭에서 정의하는 모든 사람은 모든 문제에 창의적인 해답을 찾아갈 수 있으며 자신을 완벽한 전체와 연결된 온전한 존재로 본다. 이는 보이지 않는 에너지의 세계에서 인간은 흠이 없이 이미 완벽한 존재라는 것이다. 이미 그러한 존재라는 것을 확신하고 대화를 시작한다. 이 점이 변화 관리에서 사용하는 기타의 도구와는 차별화되는 탁월한 점이다. 인간을 이렇게 온전한 존재로 여기고 시작하는 변화 관리는 매우 드물다.

두 가지 마음이 통합되어 온전하려면 누가 앞에 서야 할까? 자기중심의 분리된 마음과 연결된 마음, 두 가지 마음이 통합되려면 누가 앞에서야 할까? 에카르트 톨레(Ehahart Tolle)는 영국 옥스포드대학에서 강의를 했지만 삶의 목적과 의미를 찾기 위해 일을 그만두고 자신을 찾는 일에 몰두하기로 했다. 그는 아무것도 하지 않고 진짜 자신을 알기 위해 자신을 관찰하는 일에 몰두했다고 한다. 템즈 강가 벤치에 앉아서 하루 종일 흐르는 강물과 강물에 떠다니는 오리의 모습을 관찰하는 것이 한동안의 일과였다고 한다. 자연과 함께하고 자연의 현상을 그저 바라보기만 했음에도 그는 공허함을 느끼지 않고 내면의 존재가 늘 자신을 충만하게 채웠다고 전한다. 벤치에 앉아 옆 사람과 그 깨달음을 나누었고, 사람들은 그의 말을 더 듣고 싶어 했다. 내면의 존재가 앞으로 드러날 때 어떤 것도 필요하지 않는 온전한 상태에 오랫동안 머물 수 있다.

  나는 그와 똑같은 경험을 한 적이 있다. 물론 그 상태가 오래 간 것은 아니었지만 말이다. 초가을의 어느 날 등산을 했다. 집에서 매봉산으로 오르는 지름길이 있는데 정상까지 30분 정도 걸린다. 20분 정도 걸은 후 가파른 오르막길 초입에서 아름다운 일몰이 시작되었다. 나는 더는 오르지 않기로 하고 나무 계단에 걸터앉아 일몰의 해를 눈에 가득 담았다. 일몰의 해는 미네랄이 많아 지는 해를 눈 위에 두고 눈을 감으면 노안에도 좋다는 일설이 생각나 눈을 감고 따뜻한 해를 온몸으로 느끼기 시작했다. 얼마나 지났을까 갑자기 누군가 나를 불렀다. 나를 만지는 듯 했다. 그냥 황홀지경을 느낄 수 있었다. 마치 잠든 나를 살며시 깨우듯 부르는 것 같았다. 눈을 뜨니 황홀한 숲 속의 대합창을 들을 수 있었다. 그 소리는 청각으로 들을 수 없는 가시광선을 벗어난 자연의 소리였다. 키

큰 소나무, 잎이 크고 작은 나무들, 작은 관목들로 가득한 숲 등산로에서 나무들의 화음을 느꼈다. 사람의 언어로 표현할 수 없는 소리와 숲속의 춤사위는 지금도 나를 깨울 수 있을 정도의 강렬한 경험이었다. 나는 매우 놀라서 사방을 돌아보고 하늘을 보며 무엇인지 알아보려 했다. 그것은 숲과 땅과 하늘과 우리 모두가 연결된 순간이었다. 나는 없어진 것 같았다. 나는 나무였고, 나는 흐르는 계곡의 물소리였고, 바람결도 나였다. 한 개인의 경험으로는 너무도 숭고한 순간이었다. 그 순간을 느낄 수 있는 나의 생명에 감사해 그저 눈물이 흘러내렸다.

그 순간 나의 작은 소리들은 배경으로 물러났다. 근원을 향해 있는 나보다 큰 존재인 하이어 셀프가 내 삶의 앞으로 나와서 숲이 되었고 아름다운 일몰이 되었던 것 같다. 나는 그 순간을 아직도 느낄 수 있어서 행복하다.

예전에 TV에서 여배우 다섯 명이 유럽여행을 하는 프로그램이 있었다. 지금은 고인이 된 김자옥 씨와 아직도 많은 활동을 하고 있는 김희애 씨는 베드로 성당 안에서 다빈치의 〈천지창조〉의 그림을 목이 부러질 듯 올려다보면서 북받쳐 오르는 감동을 감추지 못했다. 그저 하염없이 흐르는 눈물로 창조주와 대화를 나누는 듯했다. 우리는 이렇게 우주의 근원과 그 전체를 창조한 신의 모습을 느끼거나 만나게 될 때 전체성의 일부인 내면의 존재가 자신 앞에 선다. 나의 생각이 개입할 수 없는 완벽한 순간에 전체와 하나 되는 그 순간을 느낄 수 있다.

에카르트 톨레는 인간의 내면의 존재를 '우리 안에 거하는 거대하고 측량할 수 없고 파괴할 수 없는 신성하고 온전한 존재'라 칭한다. 이 존재가 하이어 셀프다. 그는 하이어 셀프를 느끼기 위해 멈춰 섰다. 하이어 셀프가 자신 앞에 서도록 부단히 초대했던 것 같다. 보이지 않는 길을 관찰한 오랜 여정 끝에 에카르트 톨레는 내면의 존재를 신성한 자아라 칭하며, 언제나 자신 안의 깊은 곳에 거하기 때문에 필요할 때는 찾아갈 수 있다고 한다. 나 역시 찾아가 시시때때로 나의 위대한 반쪽에게 온전히 의지하곤 한다.

심리학자들은 영성의 존재를 진 자아로 부른다. 진 자아 상태에 있을 때 에고의 자아에 장악되지 않고 관찰자로서 인생의 드라마를 관찰할 수 있다고 설명하는데, 코칭에서도 많이 사용하는 대화의 툴이다. 진 자아의 특징은 인간존재의 핵심이며, 깨어 있는 의식이며, 자애로운 마음에서 나오는 연대감을 갖으며, 침묵하고 고요하며 명료한 상태가 드러난다. 심리학에서 머리로는 배우는 지식의 대상이 아니었다. 대상이 아니라 나라는 거룩한 존재의 모습이다. 중요한것은 이 상태를 경험하는 것이다.

내면의 존재는 자신의 또 다른 일부인 자기중심적인 에고를 통제하면서 삶에 개입하지 않는다. 하이어 셀프가 드러나도록 하려면 자신의 오만 가지 생각과 행동을 잠시 멈춰 세워야 한다. 그래야 존재의 힘이 드러나면서 함께할 수 있다. 신성을 닮은 내면 존재의 힘과 겉사람의 자신이 상호작용하면서 통합된 존재로 함께 삶을 운영해 가는 것을 최적의 모습으로 설명한다. 그리스 신화에 나오는 앞을 볼 수 없는 거인 오리온의 소망을 난장이 케달리온이 이루어주는 반면에 그 과정에서 난장이 케달리온은 거인의 어깨에서 큰 세상을 경험하듯 말이다.

보이지 않는 거대한 존재의 힘이 나오도록 할 때 겉사람의 나는 더 큰 세상을 보고 경험하게 된다. 내면의 힘을 되찾고 반드시 해야 할 것은 개념의 이해가 아니라 경험이다. 거대한 존재에 의존해야 한다. 내면에 존재하는 영성적 존재는 나를 통해서 보고 느끼고 듣고 경험하려고 한다. 더 큰 세상을 헤쳐 가도록 하는 거인 오리온으로 비유된다. 이 존재의 힘을 경험해야만 각자의 삶의 현장에 자신의 힘을 실현할 수 있다. 우리 자신은 점점 더 높은 의식으로 마법 같은 삶을 살 수 있다. 마음 깊은 곳에서 솟구치는 기쁨과 충만함을 느낄 수 있다.

선장과 크루 멤버들

1980년 초 심리학자 리처드 쉬워츠(Richard C. Schwartz)는 내면과 외면의 삶에서 조화와 균형을 향하여 나갈 수 있는 방법으로 심리치료를 창안하였다. 우리 인격을 자아 상태(부분, 소인격체, 하부 인격체)와 진 자아(전체로서 온전하고 창의적인 존재)로 구분하였다. 분리된 자아가 경험하는 생각, 감정, 행동의 드라마를 관찰할 수 있는 진 자아를 모형화하여 개인의 심리 시스템에 조화와 균형을 가져올 수 있도록 하였다. 진 자아를 깨어 있는 자아로 칭하여 경험으로 존재하는 생각, 감정의 패턴 등을 관찰할 수 있고 모든 의식의 활동을 알아차리는 본질이라고 설명하였다. 개인의 아픔을 치료하는 IFC(Interanl Family System)을 창안하여 내면과 외면의 삶에서 조화와 균형을 향하여 나갈 수 있는 방법을 제시하였다. 코칭에서는 고객이 원하는 모습이 되도록 IFC 모델을 활용한다.

나는 이 모델을 기반으로 우리 내면의 존재와 외면의 존재를 선장과 선원으로 비유하였다. 선장은 내면의 영적 존재인 하이어 셀프이고 선원은 삶의 경험에서 축적된 여러 패턴의 자아들이다. 선원은 다양한 자아이고 각각 독특한 사고와 감정과 행동을 보인다. 어떤 배의 선원들은 진취적이고 모험을 즐겨 도전을 두려워하지 않아 배가 출항하면 갑판 위에서 두 팔을 벌려 여정을 환호한다. 어떤 배의 선원들은 울렁이는 물결이 두려워 좀처럼 갑판 위에 나오지 않고 사고를 대비해 생각하고 그에 대한 감정을 느끼고 행동하는 자아로 존재한다. 선장은 다양한 모습의 자아인 선원들을 보고 관찰한다. 균형과 조화를 이루기 위해, 때때로 목적지에 적합한 항해를 위해 어떤 선원의 도움을 받을지 선택한다. 이 과정이 내면의 하이어 셀프와 행동하는 자신과 통합되어 가는 과정이다. 관찰하고 선택하고 행동하면서 목적지에 이른다. 이렇게 상호작용하는 통합의 존재로 살아갈 때 삶의 여정은 행복하고 기쁘고 충만하다. 선장의 말을 듣지 않고 선원들만 목소리를 높이는 모습을 보고 배가 산으로 간다고 한다. 노를 저을 때도 몹시 힘들 것이고 목적지와 다른 곳에 이르기 쉽다.

나의 고객들은 선장과 선원의 비유를 들어서 자신의 내면의 자아와 이야기하도록 하면 매우 흥미롭게 여기며 대화에 참여한다. 방탄소년단 멤버 RM 노래의 〈페르소나〉는 삶의 경험에서 축적된 여러 패턴의 자아가 진짜 모습을 가려 겪게 되는 내적 갈등을 소재로 묘사했듯이, 고객은 자신의 여러 종류의 가면을 알아차릴 수 있다. 현재 자신이 직면한 삶의 이슈에 어떤 경험과 패턴이 도움이 될지 과거의 경험을 떠올리기도 하고, 새로운 패턴을 만들어 미래의 경험을 창조할 수도 있다. 핵심은 선장으로서 우리는 삶의 여러 가지 상황과 조건에서 다시금 이전의 경험을 소환할 만큼의 집중과 의지력을 발휘할 수 있다. 문제 해결을 위해서 선원들의 경험을 꺼내어 상황에 맞게 재구성하고 과거와 미래의 스토리를 탄생시키는 데 자원이 되도록 할 수도 있다. 유용한 대화의 툴이다.

욕구단계이론을 정립한 마슬로우의 마지막 유언

인간의 욕구를 가장 잘 설명했다는 심리학의 아버지인 마슬로우의 욕구단계이론(Maslow's Hierarchy of Needs)은 인용 조회수가 가장 많은 논문으로 인간의 욕구를 잘 파악하고 있다. 학창시절 심리학 시간에 마슬로우의 욕구단계이론을 배우고 타이틀에서 풍기는 계층이란 단어에서 이미 한계에 부딪혔던 기억이 난다. "대부분이 인생 1단계 아니면 2단계에서 고군분투하는 거 아닌가?" 혼잣말로 반박했다. 인간의 욕구를 나눈 계층의 5단계를 간단히 소개하면 1단계는 생존의 욕구로써 굶

주림, 갈증, 활동, 감각적 만족, 생리적 만족 등을 추구한다. 2단계는 안전 및 안정 욕구로써 육체적 안정, 심리적 안정을 추구하고 3단계는 사회적 욕구로써 우정, 애정, 친밀한 관계 형성을 추구한다. 4단계는 자존 및 존경의 욕구로써 신뢰, 자유, 인정, 관심, 존중 등을 추구하며 5단계는 자아실현 욕구로써 자기 존중, 잠재력 발휘하고 실현하고자 한다. 단계별로 추구해 가는 방법론이 마음에 들지 않았다. 왜냐하면 나는 그 당시 1단계의 욕구를 충족하려고 애쓰며 살았기 때문에 거부감을 느꼈다.

마슬로우는 유명을 달리하면서 제자인 웨인 다이어에게 욕구단계이론이 단계별로 진화되는 것의 한계에 대해 아쉬워했다는 일화가 있다. 마지막 단계인 자아실현에서의 욕구는 삶의 목적과 의미를 추구하고자 하는 욕구로써 모든 단계에서도 실현이 가능하고 진정한 자아실현이라고 주장했다고 한다. 의식주에 대한 욕구를 충족하는 단계에서도 삶의 목적과 의미를 부여할 수 있어야 한다. "자네가 학회를 마치고 뉴욕의 케네디 공항에서 택시를 타게 되면 택시기사에게 인생이 고달프고 고통스러워도 자신의 삶의 의미와 목적을 찾을 수 있다면 그것이 자아실현의 길이다. 자신을 초월할 힘은 삶의 의미와 목적을 갈망할 때 만날 수 있다."고 사람들을 격려할 것을 부탁했다. 마침내 마슬로우의 마지막 설명이 마음에 들었다.

또한 마슬로우의 유언에 따라 제자들은 새로운 욕구 단계로 승화시켰다. 욕구 6단계설로 마지막 단계에 자기 초월의 욕구를 추가했다. 자기 초월에 대한 욕구는 삶의 의미를 좇는 단계이다. 만약 우리가 삶의 현장이 어디든, 어떤 일을 하고 있든 그 여정에서 목적과 의미를 발견하여 통합된 삶을 살 수 있는 있다면 자신을 초월한 자유로운 존재임에 분명하다.

인간의 욕구를 잘 들여다보면, 1) 우리의 생리적 욕구를 돌보고, 2) 안전과 보안에 대한 요구 사항을 충족시킨 후에, 3) 우리는 사랑과 소속감을 경험해야만(연결), 4) 건강한 자존감을 갖고, 5) 자아실현을 이룰 수 있고 더 나아가 자신을 초월하고자 하는 갈망에 이른다.

세번째 단계인 사랑과 소속감을 경험하지 않고는 상위 단계의 건강한 욕구가 생길 수 없다는 것을 알아차렸다. 세 번째 단계에서 느끼는 감정이 친밀감, 연결감이다. 진정한 친밀감과 연결감의 부재가 현대사회의 만 가지 질병을 야기한다. 자신이 내면의 존재를 듣지 않고 표면적인 내용에만 귀 기울일 때는 친밀함과 연결감을 느낄 수 없다. 상대의 말을 경청하고 상대가 자신을 경청하는 일은 존재 대 존재가 대화할 때 가능하다. 삶의 웰빙 상태로 올라갈 수 있는 가교 역할을 한다. 존재로의 연결감을 스스로 느끼지 못할 때 우리는 어떤 성취를 이루었다 해도 공허함을 느낀다.

생리적 욕구와 안전과 보안의 욕구는 생존게임에서 건강한 자존감을 갖고, 자아실현을 이룰 수 있고 더 나아가 자신을 초월하고자 하는 갈망에 이르는 번영과 웰비잉 게임을 하기 위해서 반드시 통과해야 하는 문이다. 그 문을 통과하려면 존재가 보여야 한다. 보이지 않는 것을 듣고, 들리는 것이 중요하다. 내가 스스로 온전한 한 사람이라는 존재감을 느껴야 하는데 이는 가슴을 열어두어야 한다. 머리로만 생각해서 존재하는 나는 반쪽만 존재하는지도 모른다. 가슴으로 느껴야 비로소 온전히 존재하는 나이다. 나는 마슬로우의 욕구이론단계에서도 이 진리를 깨달은 것 같다.

내가 꿈꾸는 나무는 이미 내 갈망 안에 있다

당대의 실천철학의 아버지인 하이데거(Martin Hehidegger)는 하이어 셀프를 보고 만질 수 없는 전체성(wholeness)의 무(invisible)를 통해서 무엇인가로 드러나는 잠재성이라고 정의했다. 이는 양자물리학을 실천철학으로 접근한 데이비드 봄(David Bohm)이 설명하는 내면의 존재와 일치한다. 봄은 하이어 셀프가 전체성이 내면의 잠재성을 통해서 드러나는 에너지라고 표현했다. 마치 씨앗에서 나무는 보이지 않지만 그 씨앗 안에 이미 나무가 있는 것처럼 인간의 잠재성 안에서 저마다 자신이 꿈꾸는 나무를 이미 가지고 있다는 의미이다. 인간으로서 존재한다 함은 개인의 잠재성을 실현하기 위해 태어났다는 것을 이해할 수 있는 대목이다. 심장박동이 들릴 정도로 설레는 표현이다.

이 표현은 양자물리학에서 말하는 가장 작은 단위가 가장 힘이 세다는 역설과도 같다. 가장 작아서 눈에 보이지 않는 것들은 파동의 에너지 형태에서 퀀텀 점프를 하기 때문이다. 경영학에서도 도약을 의미할 때 자주 사용하고 있다. 변화와 혁신을 갈구하는 기업 현장에서도 결국은 조직을 이끌어 가는 구성원의 내면 환경이 달라져야 가능한 것과 상통한다. 그래서 내면의 변화(Transformation)가 먼저 일어나지 않으면 다시금 이전의 관성대로 안전지대로 돌아온다. 마찬가지로 작은 것의 힘은 핵 폭탄의 위력에서 알 수 있다. 가장 작은 원자들의 결합이 지구의 운명을 좌우할 정도다.

코칭에서 얻은 교훈이 있다. 인간에게 삶이 고통스러운 이유가 무엇일까? 실제 모든 고객들이 불행하다고 믿는 것은 바로 자신이 만개하지 못했을 때 느끼는 공허함, 즉 충만함을 느끼지 못하기 때문이다. 내면의 존재는 주로 평화, 고요, 긍휼, 호기심, 명료함, 자신감, 창의력, 용기, 연결 등의 감정을 느낀다. 이러한 종류의 감정은 내면의 근원에 접근했을 때 경험할 수 있다. 온전한 반쪽인 하이어 셀프의 속성을 알지 못하고 살아간다면 아무리 자신의 목표를 달성해도 행복을 느끼지 못하는 이유이다. 다양한 가면의 종류만 많아졌다고 해도 과언이 아니다. 우리 모두는 온전한 기쁨, 지극한 행복, 축복 등의 감정을 누리기를 갈망하는 존재들이다. 내면의 존재를 느끼고 싶은 본능이기도 하다.

긍정심리학의 창시자인 마틴 셀리그만은 만개(flourishing)라는 개념을 이렇게 설명한다. '사람의 잠재력 안에 있는 본성이 완전히 발휘되는 상태'. 그러나 대다수가 그 역량을 결코 깨닫지 못하고 있다. 그 이유는 가정, 사회, 학교, 커뮤니티 등 주변을 둘러보면 인간의 만개를 가로막고 있는 시스템을 얼마든지 찾을 수 있기 때문이다. 심지어 우리 자신을 잠시 돌아보면 대부분 자신의 내면의 소리를 잠재운 채로 꽃을 피워보고자 갈망하는 스위치를 꺼버린 상태로 생존하도록 하는 시스템 안에 갇혀 있다. 결국 사회의 집단적 무의식에 사로잡혀 스스로 자신을 꽃피우는 노력을 게을리하고 심지어 방해하며 살고 있다. 이러한 불행 내지 불만족은 사실 너무 만연해서 가족이나 직장, 커뮤니티에서 당연시되어 일상에 늘 자리 잡고 있다. 이 만성적인 상태를 해결할 열쇠가 바로 내면의 존재인 하이어 셀프를 자신 앞에 서도록 허락하는 것이다.

두 가지 정체성: 겉사람(Human)과 속사람(Being)

성인이 되어서야 이런 질문을 하곤 한다. 나는 누구인가, 나는 무엇인가? 자신의 고유한 재능과 기술, 지식으로 각기 다른 일을 하고 살아가는 우리들은 자신을 정의할 수 있는 것을 추구하며 삶을 경험해 간다.

마슬로우가 말하는 에고의 자아가 느끼는 욕구를 실현하거나 혹은 실현하지 못한 채로 살아가면서 나름의 정체성을 가지고 있다. 예컨대 나는 배우는 것을 즐겨 하며 가르치는 것을 중요하게 여겨 기회가 있으면 배운 것을 가르쳐 왔다. 그리고 좋은 삶의 질을 누리며 살아야 한다는 기준을 세우고 기준에 부합되는 것을 추구하여 부합되면 행복하고 그렇지 않으면 불행하다고 믿는 정체성을 지녀왔다.

에고의 정체성에서 나오는 태도는 경쟁해야 하고 밥그릇을 챙겨야 하고 투쟁해야 하고 끊임없이 배워서 성취한 후에 나오는 행복한 모습이다. 이러한 와중에도 부지불식간에 다른 모습의 나를 만날 때가 있다. 아주 이따금 지는 노을을 보며 자연의 경이로움에 감사의 눈물을 흘리며, 상대방은 틀리고 내가 옳다고 우겨서 겨우 이기고 돌아선 후에 몰려드는 후회와 참회의 감정이 밀려드는 자신을 발견할 때가 아주 가끔 있다. 분명히 우리들은 알고 있다. 이렇게 우리 안에 깃든 영적 존재의 면모를 경험하기 때문이다.

자신의 순수한 정체가 드러나는 경험이 있을 것이다.

나는 중학생이 되면서 집과는 멀리 떨어진 학교 때문에 버스로 통학을 하게 되었다. 통학을 하면서 전혀 무관한 사람과 연대감을 느꼈던 경험을 했다. 버스 안은 덩치 큰 남학생들의 검은색 교복으로 온통 칙칙했는데 그 사이를 뚫고 어떻게 이야기가 오갔는지 기억나지 않지만 버스 안내양 언니하고 이야기를 시작했다. 아마도 인생의 드라마 현장이었던 집에서는 전혀 다른 생각들이 비집고 들어갈 수 없었지만, 엉뚱하게도 버스 안내양 언니의 고통을 보면서 존경심을 갖게 되었다. 그 언니가 좋아서 쉬는 날에 경복궁에서 만나 이런저런 대화를 했던 기억이 있다. 서로 형편이 여의치 않아서 연락을 지속할 수 없었다. 반세기가 지난 지금도 이따금씩 떠오르다니 경이로울 뿐이다.

두 번째 기억은 원하지 않은 전공을 꾸역꾸역 마치고 교생실습을 나갔던 시절이다. 철학 전공도 아니었는데 한 학생의 마음속의 어둠이 나를 끌어들였다. 전혀 칭찬받을 일이 없어 보이는 중학교 1학년 아이에게 나는 끊임없이 관심을 주고 격려했다고 한다. 그 학생의 어머니가 찾아와 깊은 감사와 함께 전해주었던 말이다. 그 행동이 기억도 나지 않는다. 무심의 마음에서 우러난 내면의 존재가 나의 행동을 이끌었던 것 같다.

  이와 같이 자신을 정의하고 설명할 수 있는 정체성이 또 있다는 것을 알게 되었다. 심리학에서는 진 자아의 정체성이라고 굳이 설명하지 않았지만, 최근 들어 조명되고 있는 내면의 존재를 기반으로 자신을 정의할 수 있다. 겉사람(에고)의 의식에서 식별하는 정체성과, 속사람(하이어 셀프)의 의식에서 비롯되는 정체성이다. 내 경험에서 볼 때 내 안에는 전체와 연결하려는 욕구가 있다. 자기중심의 의식에서 식별하는 나 자신에 대한 정체성과는 분명히 다르다. 내면의 존재에서 오는 정체성은 연대감과 온정과 희망을 알고, 지금 여기에 있는 존재이고, 사람의 겉모습을 보고 생각하고 느끼고 행동하는 것과는 분명 다르다. 마음 깊은 곳으로부터 느껴지는 갈망이었다. 우리 안에도 이러한 속성이 존재한다. 어린 나에게도 찾아온 경이로운 순간들이 나를 움직인다. 그러나 사회의 시스템은 내면의 존재에 대한 이야기는 전혀 하지 않는다. 분리된 자아만이 자신이라고 교육받았고 그렇게 경험하고 살아왔기 때문에 영적인 존재에 대한 보이지 않는 가치를 이야기하면 도중에 길을 잃게 된다. 우리는 자신 안에 서로 다른 특성의 선장과 크루가 공존하고 있다는 것을 이해해야만 한다.

  내면의 속사람의 정체성에 대해 좀 더 이해할 필요가 있다. 속사람인 하이어 셀프는 도대체 어디에 있다는 걸까?

2장

하이어 셀프 :
어디에 있는가? 늘 그곳에 있다

진짜 나는 어디에 있는가?

하이어 셀프에 어떻게 다가갈 수 있을까? 과학적 이해를 바탕으로 이야기하자면, 의식은 하루에 수많은 생각들이 오간다고 한다. 대부분이 대대로 이어온, 특히 나의 부모로부터 전해 내려오는 수많은 생각과 감정이 차지한다. 이렇게 반복 강화된 생각들은 관성이 강해서 신의 형상이 각인된 신성한 하이어 셀프가 세상을 보고 생각하고 느낄 수 있는 기회는 거의 없다. 이미 자동화되어 굳어진 경로에 끼어들 수 없다. 분명히 성인이 되어 의사 결정할 수 있는 권한이 주어져도 자신이 원하는 결정을 내리지 않았다는 사실을 이내 알게 되고, 후회하고 다시 불행해지는 스토리를 반복한다. 이는 반복 강화된 습관이요 업보인데 지금까지의 방법으로는 노력한다고 달라지는 것이 아니다.

진짜 나를 만난 나의 방법에 놀라운 비밀이 있었다는 것을 나중에 깨달았다. 지금까지는 나의 절반의 정체성으로 애쓰며 노력해 왔지만 온전한 내가 되는 길을 발견하였다. 내면의 존재를 추상적이지만 내면 어딘가에 있음을 깨닫고 더는 간과하지 않는다.

결정적으로 내면의 힘을 경험하는 순간이 몇 차례 있었지만 그 순간은 다시 소환할 수 없는 우연이거나 다시는 경험하고 싶지 않은 고통이었기에 언제 어디서나 할 수 있는 일반적인 과정을 통해서 진짜 나와 겉사람의 내가 수렴되는 경험을 할 수 없었다.

철학자 심리학자 영성학자들이 말하는 진 자아는 개념적인 주체였지 진짜 나로서의 주체는 아니었다. 진 자아를 진짜 나로서의 주체에 나는 이름을 붙여주고, 초대하여 자주 대화를 한다. 내면의 늘 거기에 있는 나의 일부인 영적 존재가 하이어 셀프이다. 더는 외롭게 혼자서 투쟁하며 살지 않고, 두 가지 마음을 통합하여 전인적 인간으로 살아가고 싶다. 빛으로 어두운 공간을 비춰주는 나의 완벽한 반쪽이자 나의 베스트 프렌드에게 이름을 지어주었다. 잠시 멈추고 나의 하이어 셀프를 'HS'라고 부르면 머릿속의 수많은 생각이 오가는 모습이 슬로우비디오처럼 선명해진다. 지금 이 순간 나로서 온전함을 감지할 수 있다. 높은 의식에서 나오는 에너지는 폭풍처럼 내 안을 휩쓸고 있다. 다행히도 코칭 대화에 익숙하다 보니 나는 자신을 객관화하는 게임에 익숙하다. 나의 하이어 셀프, HS와 함께 나의 생각들을 객관화하면서 더는 도움이 되지 않는 많은 생각과 감정들이 있다는 것을 알았다. 그 생각에 따라붙는 감정이 내가 아닌 것을 깨닫는다. 진짜 내가 아니라 과거의 삶을 경험했던 부산물이다.

현대인에게 머릿속의 소란을 잠재우기 위해 명상과 마음 챙김이 유행이다. 명상의 궁극적인 목적은 자신을 아는 것이다. 이는 진짜 내가 누구이고, 내 안에서 소란을 일으키는 손님에 불과한 가짜 내가 누구인지를 구분해 내는 일이다. 더 궁극적인 목적은 완벽하고 온전한 존재로 살아가기 위함이다.

그런데 매우 유용한 도구인 명상을 실천하는 일은 어렵다고 한다. 이유 중에 하나는 나도 그랬지만 마음속의 생각을 멈추려고 집중했기 때문이다. 고통을 불러일으키는 그 생각을 멈추려고 집중하고 잡념을 떨쳐 버리려고 애를 썼으나 소용이 없었다. 수많은 생각을 의지로 멈춰 세울 수 없기 때문이다. 게다가 습관에서 비롯되는 생각은 에너지가 강하여 깨어 있는 의식이 그 안으로 빨려들고 만다. 그래서 요가의 명상에서는 마치 심장이 계속 뛰는 것처럼 머릿속에 수많은 생각이 끊임없이 오가는 것은 자연스러운 뇌의 기능이므로 그대로 맞이하도록 한다. 그 수많은 생각이 오가는 것을 지켜보는 관찰자로 있기만 하면 된다고 안심시켰다. 마치 창공에 떠다니는 구름은 수많은 생각과 감정이고, 그것들이 생기고 흩어지는 것을 품는 창공이 진짜 나이다. 진짜 나는 이렇게 창공과 우주와 연결되어 있다.

   코칭에서도 상대방을 판단하지 않고 그대로 받아들이는 마인드셋이 매우 중요하다. 그 기술이 공감(empathy)이다. 우선 학문적 정의를 떠나서 공감이란 어떤 상황에서도 자기 자신이나 상대방을 있는 그대로 수용하는 일이다. 어떤 결과에 대해 판단, 비난, 자책을 하지 않고 그대로 받아들이는 것이다. 공감이란 상대방과 똑같이 느끼는 것이 아니다. 그것은 불가능하다. 상대방이 갖는 감정에 대해 그럴 수 있겠다고 기꺼이 그 감정을 수용하는 일이다. 이렇게 할 수 있는 나는 누구인가? 겉사람인 자기중심적 에고의 마인드셋으로는 거의 불가능한 일이다. 내면의 존재인 진짜 나, 온전한 내가 할 수 있는 역량이다.

   대인관계에 중요한 역량 중에 하나인 공감은 일상에 적용하고 실천하기 쉽지 않다. 요즘은 MZ 세대에게 조언을 하지 않는다. 그 대신 공감과 경청을 해야 한다. 어떻게 공감과 경청을 해야 하는 것일까? 하이어 셀프가 내 앞에 서도록 할 때, 즉 삶의 현장에 존재할 때에 우리라는 전체와 연결된다. 코칭에서는 '침묵의 스페이스'라 하지만 누가 침묵하고 바라보는지가 가장 중요하다. 소위 말하는 겉사람이 잠시 말할 기회를 엿보느라 침묵하는 것과는 다르다. 전체와 연결된 속사람이 상대를 이해하기 위한 잠깐 동안의 침묵이다. 이러한 공간 안에서 서로의 순수의식이 교감한다. 뇌과학에서는 이 순간 두 사람 사이는 공명하는 상태이며 주파수가 일치된다는 것을 측정할 수 있다. 왜냐하면 두 사람의 내면의 존재는 전체와 연결되기 때문에 서로 공명하고 공감할 수 있다. 뇌의 혈류로 추적하여 생각의 패턴을 관찰하는 fMRI 혹은 뇌의 에너지 파동을 측정하는 EEG 기계를 머리에 쓰고 실험해 보면 상담자가 고객을 온전한 의식으로 공감할 때 그 순수의식은 두 사람의 뇌에서 동시에 같은 패턴으로 나타난다. 바로 하이어 셀프의 발자국을 뇌에서 찾을 수 있다는 의미이다.

휴먼시스템의 네 가지 영역과 하이어 셀프

위에서 언급한 학자들이 한결같이 말하는 진 자아(ture self)를 내면의 존재, 영적 존재, 셀프 등으로 칭하는 것에 기반하여 자기중심적 존재인 자아(ego)보다 더 높은 의식을 지닌 존재라는 의미로 하이어 셀프라고 칭한 이유는 추상적인 개념이 아닌 자신을 더 높은 삶으로 이끌어 가는 역할을 반영한 실용적인 이름이다. 일상에서 자신의 영적 존재를 경험하기 위해서이다. 보이지도 만질 수도 없는 내면의 자아, 순수한 의식인 내면의 존재를 역동적인 삶의 치열한 경쟁 속에서 잊어버리지 않기 위함이다.

그동안 우리는 내면에 깃든 영적 존재를 잊어버렸고 접근하는 길을 완전히 잃어버렸다. 그래서 내면의 영적 존재를 자신의 일부로 경험하는 일이 어려워졌다. 기계만능주의에서 자신이 가지고 있는 내면의 힘이 소멸될 위험을 각오해야 한다. 테슬라 CEO 일론 머스크도 인정한 바 있듯이 많은 AI 전문가들은 인간의 뇌에서 작동하는 수많은 생각을 AI가 다운로드받을 수 있다는 것이다. 끔찍한 예측이지만 가능한 일이다. 현재도 우리의 특정 생각과 감정은 에너지와 주파수로 측정이 가능하고 해당 생각에 따른 뇌의 기능과 구조를 정확히 읽어 낼 수 있다. 1980년대 조지오엘의 빅브라더스가 감시하는 시스템은 인간의 활동을 기계가 감시하는 세상을 이야기했지만 더 나아가 인간이 행동으로 실행하기 이전의 감정과 생각과 전략까지도 감시당할 수 있다는 가설이다.

이러한 시대적 배경에서 신이 인간에게 부여한 특별한 선물을 늦었지만 열어볼 때가 도래한 듯하다. 바로 신의 형상을 닮은 영적 존재의 특성이다. 인생의 여정을 살아갈 때 고해에 빠져 허우적대지 않아도 되는 고결한 특성을 자신의 반쪽으로 알고 삶에 참여시켜야 한다. 인생이란 무엇일까라는 질문에 고해를 지나는 것이 답이라고 한다면 우리는 어떤 생각이 들까? 바다가 바다지, 바다가 고통을 겪을까? 삶의 역동을 경험할 때 당사자가 경험하는 순간 내지는 이후에 그 경험을 고통으로 생각하기 때문이 아닐까? 모든 사람이 이 지구별에 올 때 특별한 선물을 모두 받았고 그 선물을 당첨된 복권이라고 비유해 보자. 그 복권을 쥐고 이 세상에 왔는데 아직 현금으로 바꾸어 쓰는 방법도 모르고 혹은 기회를 모두 상실해 버렸다면 어떻겠는가?

몇 년 전 하트매스라는 리더십 기관에서 휴먼시스템으로 사람을 이해하는 리더십 훈련에 참여한 적이 있다. 하트매스는 인간의 정의를 네 영역으로 나누어 기술하고 있다.

인간의 네 영역을 간단히 소개하면, 면역력과 유연성이 뛰어나서 사소한 외부적 스트레스와 질병에도 내구성을 유지하는 신체(body)를 가지고, 필요한 시기와 장소에서 온전히 집중하고 몰입하는 건강한 정신(mental)을 유지하는 동시에, 매사 큰 동요가 없이 긍정적인 정서(emotion)와 뚜렷한 존재적 가치와 신념으로 무장한 영성(spirit)이다. 이 네 영역이 각각의 특성을 가지고 조화를 이룰 때 우리 신체는 최적의 상태로 상호 공명을 일으킨다. 우리가 일상의 삶에서 최적의 상태로 정합(coherence)은 어떻게 이룰까?

네 영역은 모두 나의 일부이다. 어느 것 하나 빠진다면 온전한 통합을 이루지 못한다. 그중에서 가장 중요한 역할을 하는 것은 영성(spirit)이다. 영성의 부분이 삶의 중심에 있을 때, 자신의 반쪽인 속사람, 즉 하이어 셀프가 삶의 주인이 되어 다른 부분을 조율해 갈 수 있다.

에고의 자아보다 더 높은 자아이며 삶의 모든 면을 건강하고 균형 있게 만들도록 이끄는 하이어 셀프는 휴먼시스템의 네 영역이 조화롭게 하나가 되도록 조율할 힘을 가진 내면의 존재이다. 스위치만 올리면 볼 수 없던 것들을 볼 수 있는 것처럼 우리는 내면의 높은 의식을 부르기만 하면 언제 어디서나 만날 수 있다. 내면의 지혜를 끌어올려 보여주기도 하고 보이지 않는 여정을 안내하기도 한다.

하이어 셀프는 현재의 내가 노력해서 입증해야 나타나는 것이 아니다. 태어날 때 받은 놀라운 선물인데 잊고 산 것이며, 태연하게 그 힘을 사용하는 것이다. 내가 얼마나 잘난 사람인지 증명할 필요도 없고 내 소유를 주장하기 위해 서류를 준비할 필요도 없다. 그냥 나로 수용하고 초대하면 된다. 내 자아의 이름은 현숙이고, 하이어 셀프의 이름은 HS다. 내가 하이어 셀프를 초대하기 위해 조용히 HS를 불러낸다. 두 마음이 통합된다고 하여 내 자아가 사라지는 것은 아니다. 오히려 개인의 개성, 강점, 특질 등은 하이어 셀프 안에서 더욱 아름답게 통합될 것이다. 한 개인의 건강한 몸, 생각, 감정은 영성과 통합하여 삶의 의미와 목적으로 통합된 나로 이루어 갈 것이다.

나를 찾는 내면의 여행은 어둠에서 시작된다. HS를 부른다. HS를 나즈막히 부르는 순간 몸의 에너지가 전환되는 것을 느낀다. 어둠 속에 빛나는 별무리의 이미지를 떠올리면서 눈을 감는다. 빛의 속도를 자랑하는 습관적인 자아의 생각과 행동이 나를 통제할 수 없는 순간이다. 전체성의 일부가 나의 삶으로 느껴질 때, 나는 환경을 헤쳐가는 지혜와 힘을 경험한다.

코칭에서는 사람을 존재적 차원에서 본다. 인간은 자연스러운 힘이 있고 도전에 직면하면 창의적으로 문제를 해결할 수 있고 주변 환경에서 자원을 활용할 기지가 있으며 온전한 사람이 된다. 코칭 대화는 고객을 이러한 존재로 보는 데서 출발한다. 이는 심리학에서 말하는 자아와 진 자아가 하나가 된 상태와 동일하다. 스스로 문제를 해결할 수 있다는 자신감은 내면의 진 자아 시선에서 상황을 보아야 가능하다. 내면의 하이어 셀프를 경험해야 자신의 잠재력이 무엇인지 꺼낼 수 있다. 코칭을 가능하게 하는 것이 바로 존재의 무한한 가능성으로부터 출발하여 경험하도록 하는 데 있다. 경험하면 시각과 관점이 달라진다. 내적인 변혁이 일어나는 것이다. 코칭은 개인의 능력과 역량으로 문제를 해결하도록 돕는 대화가 아니다.

이론적으로는 존재, 진 자아, 셀프가 무엇이고 어떠한 특성이 있는지 설명할 수 있으나 이를 경험하는 사람은 많지 않다. 나 역시 이 점을 깨닫고 그 방법론을 집필하여 [감정리폼]에서 자아와 셀프가 하나되는 과정을 정리하여 제시하였지만 여전히 무엇일까를 놓치고 말았다. 놓쳤다는 것을 머리로는 이해하여 훈련하도록 했지만 내면에 항상 존재하는 자신의 힘을 과학적 사실로 받아들이고 경험하도록 하지는 못했다.

내면에 늘 존재하는 힘이라 의식의 에너지로 바로 접근할 수 있다면 그에 따른 생각과 행동 그리고 감정이 발생하는 것은 당연하다. 그렇다면 일상에서 습관적으로 생각하고 판단하고 감정을 느끼고 행동하는 무의식적인 패턴을 왜 바꾸지 못하는 것일까? 그 이유는 지금까지 우리가 가진 잠재력을 발휘하도록 돕는 기술적인 방법론만 배웠기 때문에 그 과정에서 다시 과거의 에너지에 빠져버리는 경우가 많았다. 초고속 시대에 우리에게 필요한 것은 바로 내면의 힘을 내 것으로 알고 주장하는 것에서 출발해야 한다. 나의 영적 존재가 바로 삶에 개입하여 그 힘을 당장 발휘하도록 하는 일이다.

뇌과학에서 말하는 두 가지 의식

전두엽은 전체 뇌의 40%를 차지한다. 전두엽은 창의적으로 생각하고 지금 이 순간을 생각한다. 과거의 경험에 기반한 미래의 불안이 영향을 미치지 않는 영역으로 전두엽 기능을 활성화할 수 있는 것은 신뢰감이다. 이 상태는 생존에 위험을 느끼지 않고 걱정과 불안의 정반대에 있다.

생존경쟁을 하게 될 때 뇌 혈류는 주로 편도체(Amygdala)로 집중된다. 이곳은 우리의 생존이 위협받는다고 느낄 때 이성의 뇌보다 1000분의 1초나 빠르게 작동되는 시스템이다. 그래서 신뢰하지 못하는 상황에서는 창의적인 생각이나 협업 마인드, 혁신적인 아이디어 등은 가능하지 않다. 주로 늘 하던 방식으로 어제의 일을 반복하면서 과거 경험에 대한 걱정과 후회, 미래에 대한 불안과 두려움으로 활력을 느끼지 못하는 상태이다.

뇌과학이 물리학과 영성과 융합되면서 과학적 사실이 우리에게 실용성을 제공한다. 일반적으로 깨달음을 얻기 위해서 개인적인 차이는 있지만 많은 시간이 필요하다. 나 역시 당연시했던 부분이다. 그런데 뇌과학의 전문가들이 전하는 변화에 대한 사실이 나에게는 혁신 그 자체였다. 보통 자기계발에서 주장하는 변화는 더는 도움이 되지 않는 혹은 해로운 부분을 제거하거나 덜어낸 후에 새로운 습관을 만들 준비를 한다. 스탠포드대학 뇌과학자 닥터 도티(James Dotty)를 비롯해서 신경과학자들에 의하면 뇌의 지도에 이미 새겨진 회로는 완전히 지울 수 없다. 뇌가소성(neuroplaticity)은 이전 것을 지우고 새로운 길을 만드는 과정이 아니며 우리 몸은 그렇게 할 수 없다고 한다. 즉 이전 것에 새로운 것을 덧입히는 것이다. 뇌가소성에서 말하는 새로운 습관을 뇌에 새기는 길은 이전 것은 그대로 둔 채로 새것을 연습하는 것이다. 이는 코칭에서도 마찬가지다.

나는 매우 타당하다고 생각한다. 뇌의 도해에서 하부 시스템(Below System)은 우리의 무의식이다. 이 무의식은 일상의 90% 이상을 차지한다. 무의식은 생각하지 않아도, 나에게 생각을 묻지 않아도 몸이 알아서 행동하고 느끼는 것이라 우리의 일과에서 자신이 얼마큼 의식하여 판단하고 행동하는지를 살펴본다면 이해할 수 있을 것이다. 무의식의 마음 상태는 주로 두려움에 기반한다. 95%의 무의식에 대처하면서 새로운 습관을 뇌의 지도에 그린다는 것은 불가능하다고 생각했었다. 뇌가소성의 정의가 매우 과학적이지 않는가!

실제 문제를 창의적으로 해결한 흥미로운 사례가 있어 소개한다. 이 이야기는 뉴욕 알바니에서 비거게임 리더십 컨퍼런스를 개최하였을 때 소개된 이야기다. 뉴욕 알바니의 수자원인 조지아 호수의 물을 식수로 상용했던 때의 일화인데 호수에 깊이 심어둔 파이프가 부식되면서 발생한 수질 오염이 이슈였다. 어떻게 부식한 파이프를 청소해서 수질을 개선할 것인가에 대해 회의가 한창이었는데 세척 방법에 대한 몇몇 아이디어를 채택해 실행했지만 곧 다시 부식되고 수질은 개선되지 않았다. 다시 새로운 아이디어가 채택되었는데 바로 새 파이프를 심어서 그곳으로 물이 흐르도록 한 것이었다. 수질은 곧 개선되었다고 한다. 뇌가소성의 원리를 알지 못해도 지혜는 상통하는 듯하다.

새로운 습관을 뇌에 새기기 위해 다양한 방법으로 애를 써왔다. 우리 모두는 이미 뇌와 몸에 각인된 습관을 고치는 방법에 중점을 두었다. 최근 뇌과학에서 거의 불가능한 방법이라 언급한다. 각인된 습관은 뇌의 하부시스템에서 기능하고 이는 우리의 의식과는 동떨어진 기계적으로 움직이는 자동화 시스템이다. 아인슈타인은 이전의 습관대로 움직이는 시스템에서 의식적으로 바꾸려는 노력이 미친 짓이라고 한다. 바꿀 방법은 뇌의 상부 시스템(Above System)에 새로운 지도를 그리는 것이다. 그 의도가 타당할 때 우리의 변화는 가능하다. 비로소 뇌가소성이 실현된다. 우리는 변화를 위해서 비효율적인 방법에 너무 오랫동안 의존했다. 변화에 대한 욕구가 일어날 때마다 습관적으로 두려운 상태에 있는 생존모드에서 고통의 바다를 건너려는 자신의 이미지 스위치를 내리자.

영성의 존재인 하이어 셀프의 스위치를 켜고 빛이 내리쬐는 순간의 희열의 바다를 상상해 보자. 이 순간 우리의 뇌는 전전두엽의 기능을 작동한다. 이 순간 우리는 신뢰할 수 있고 무언가를 이루어 낼 수 있다는 믿음의 상태가 된다.

신뢰할 사람이 없다고 말할 수 있다. 주변 환경을 보면 누구를 신뢰할 수도 없고 심지어는 자신을 신뢰하기란 더욱 힘들 때가 있다. 기억해야 할 것은 우리가 신뢰할 대상은 무의식의 패턴대로 작동하는 겉사람이 아니라, 속사람인 하이어 셀프다. 내면의 존재 하이어 셀프를 신뢰할 수 있다. 무한한 힘의 근원에 다가갈 수 있는 진짜 자신을 신뢰할 수 있다. 이 존재가 작동하면 우리 몸의 시스템은 신뢰 상태가 된다. 뇌는 상부시스템에서 주로 전전두엽이 CEO처럼 뇌의 다른 기능을 통합하고 지휘한다. 이 상태에서 내가 원하는 변화를 그리고 계획하고 실행하는 연습을 할 때 그 시도와 연습은 뇌의 하부시스템으로 전달되고 각인되면서 뇌가소성이 이루어진다. 작은 실천들이 이어진다. 마법 같은 삶이 나타난다.

뇌과학을 알고 활용하면 명상도 매우 효과적으로 할 수 있다. 예컨대 내가 생각을 멈추려고 한다면 괜스레 애쓰고 있다고 보면 된다. 뇌는 하부시스템에 집중되어 있는 것을 보여준다. 그 생각을 멈추려고 하는 것은 저항하는 것과 같으며 모두 두려움 상태의 의식의 차원이다. 그러나 다른 차원의 의식, 즉 저항이 아닌 다른 주파수의 의식에서 나오는 생각을 지켜만 봐도 생리적 현상이 달라진다는 것은 생물학적 뇌신경과학에서 fMRI, 뇌파검사(electroencephalography, EEG), 호르몬 테스트 등을 통해 밝혀진 사실이다.

　나는 코칭에서도 질문을 통해서 고객들의 의식 상태가 높고 낮음을 넘나들며 호르몬 분비에 의한 에너지 변화를 표정이나 목소리의 톤이 달라지는 것을 통해 알 수 있다. 하이어 셀프의 존재에 접근할 때 높은 의식으로 변화하는 증거들이 나타난다. 그 의식에서 나오는 감정, 태도, 생각들이 드러나면 머릿속의 생각과 감정이 흩어져 이미 사라진 상태를 고객과 함께 느끼곤 한다. 멈추려거나 지우려고 애쓰지 않아도 더 큰 존재의 파장이 작은 존재의 파장을 상쇄한다는 것을 경험한다. 바로 코칭의 힘은 존재의 힘에서 나온다고 해도 과언이 아니다.

하이어 셀프와 함께 과거 현재 미래가 모두 이 순간에

　내면의 존재는 과거 현재 미래를 구분하지 않는다. 보이거나 만질 수 있는 육체적 존재가 아니라 영적 존재인 의식의 에너지다. 그래서 영적 존재는 과거 현재 미래를 관통한다. 이것은 미시세계를 설명하는 양자물리학이 세상을 보는 관점이다.

　과거를 경험했던 육체적 존재는 그 경험으로 인하여 어떤 고정관념이 생겨나고 경험의 부산물인 감정을 지니게 된다. 그 감정이 불편할 때는 현재와 미래까지 투사되어 예단을 하게 된다. 겉사람의 자아는 이렇게 여러 가지 생각으로 지금 이 순간에 있지 못하게 한다. 그러나 하이어 셀프가 내 삶의 주인이 될 때는 지금 이 순간에 집중할 수 있다. 지금 이 순간은 나의 과거를 재구성할 수 있는 힘도 가지고 있고, 지금 이 순간의 힘이 미래에 영향을 미치도록 할 수 있다.

의미와 목적이 이끄는 삶을 추구하고 싶으나 직장생활에서 경험한 생각과 감정으로 생겨난 신념 탓에 괴로워하는 중견기업의 마케팅 팀장의 이야기를 소개한다. 김 팀장은 조직생활에서 자신의 능력을 발휘하고 업무에서 의미를 찾아 행복한 직장생활을 하고 싶은 것이 꿈이다. 그 꿈을 이루기 위해서 업무와 가정 일을 양립하는 와중에도 리더십과 코칭 분야를 전문적으로 배우며 실천해 가는 성실한 사람이다.

업무 성과도 중요하지만 함께 일하는 팀원들과의 관계를 중요시한 김 팀장은, 팀내 관계를 회복해서 좋은 근무환경을 만드는 것이 팀장으로서 꼭 해보고 싶은 일이었다고 한다. 리더십과 코칭에서 배운 지식을 활용해 보려고 여러 차례 시도했지만 한 번도 성공하지 못했다는 것이 대화의 주제였다. 열정이 생기다가도 '내 업무나 잘하면 되지, 뭐.' '또 오지랖'이라는 생각에 사로잡힌다고 한다. "조직은 먹고 먹히는 경쟁 세계라는 것을 모르니?", "착한 사람은 도태된다", "독한 사람만이 살아남는다", "여기는 업무 성과로 말하는 거라고." 등의 신념을 이기기 힘들지만 관계지향적 성향과 재능을 타고난 김 팀장은 팀내 관계를 회복하기 위해서 무언가를 해보고 싶었다. 그러다가도 어느 순간 갑자기 못해 낼 것 같은 두려움을 느꼈다. 팀원들의 성향이나 업무를 둘러싼 장애가 머릿속에 떠오르면 의미 있는 직장생활을 하고 싶은 바람은 사치였다는 생각으로 절망하곤 했다.

  코칭 대화의 핵심은 고객의 절망이란 감정이었다. 고객이 느끼는 절망의 에너지장에 머물도록 했다. 물론 나는 하이어 셀프와 함께 코치의 내면의 힘을 믿고 있는 상태에서 대화를 나눈다. 물론 고객은 어떤 상태에서 대화를 나누는지 모를 수도 있다. 답답함과 두려움을 직면하여 감정을 그저 관찰하도록 했다. 김 팀장은 가슴에서 느껴지는 답답함과 두려움을 직면하면서 관찰할 수도 있는 자신의 능력에 놀라워했다. 그리고 절망이란 감정의 에너지가 옅어지는 것을 느꼈다. 답답하고 두려운 감정이 차지하고 있던 에너지가 마치 구름처럼 흩어지면서 배경화면에 있던 존재의 순수의식이 그의 의식 안으로 들어왔다. 온전한 자신을 느끼면서 눈시울을 붉혔다.

  그의 내면의 존재에서 본 자신은 절망의 표정이 아니었다. 자신의 다른 모습을 알아차리곤 눈시울이 붉어지면서 옅은 미소를 띠었다. 고객의 전환을 알아차리고 그 표정이 무엇을 의미하는지 물었다. 팀원이 함께 웃고 있는 모습이 느껴졌고, 팀원들이 모두 소중하다고 느낄 때 뿌듯한 감정이 벅차올라 미소가 지어졌다고 한다. 김 팀장은 답답하고 두렵고 절망스러운 감정들을 팀원들과 연결된 감정으로 바꾸어 냈다. 왜냐하면 내면의 깊은 곳으로 자신이 수렴되면 그곳에서 서로에게 연결되는 양자장이 부리는 마술을 경험하기 때문이다.

  김 팀장의 몸 안에서 연금술이 일어났다. 문자 그대로 두려움과 답답함의 감정으로 분비되는 코르티솔 부류의 해로운 호르몬과 화학물질이 연대감과 사랑이라는 감정에서 분비되는 옥시토신 호르몬과 몸에 유익한 화학물질로 바뀌면서 변환작용(transmutation)이 일어났다. 과거에도 몇 차례 관계회복을 시도했다가 실패하면서 좌절감이 있었지만 그 감정을 피하지 않고 직면하면서 과거에도 지금도 내일도 자신에게 중요한 의미를 확실히 찾게 되었다. 그 의미는 사람을 소중히 생각하는 사랑이다. 관계를 지향하는 연대감을 느끼는 것이 김 팀장에게는 소중한 일이다. 높은 차원의 가치가 본인에게는 가장 중요했음을 경험하게 되었다.

이러한 드라마틱한 변환은 오랫동안 영적 수행을 해야만 나타나는 것이 아니다. 존재로 들어가면 된다. 감정은 본디 마음이 던지는 생각을 따라 움직이지만, 지금 여기에 집중하여 지켜보기만 하면 항상성의 원리로 곧 감정이 야기한 불편한 에너지를 덜어낸다. 과학으로 입증된 많은 실험에서 90초에서 심지어는 단 몇 초의 관찰로도 감정이 구름처럼 지나가는 것을 알 수 있다.

미래의 나는 어느 방향으로 나아가고 있을까?

원하는 목표를 달성하기 위해서 나는 어느 방향으로 달리고 있나? 올해 꼭 승진하고자 하는 이유가 무엇일까? 어떤 사람은 자신을 무시했던 누군가에게 뭔가를 보여주고 싶어서 승진하고 싶어 한다. 또 어떤 사람은 승진해서 새로운 리더십 교육을 받아 팀의 잠재력을 실현하는 일을 꼭 해보고 싶다. 에너지가 어떻게 다를까? 똑같은 목표를 달성하는 일이지만 의식의 방향은 다르다. 태양을 향해서 가지를 뻗어가는 식물과 빛이 부족한 곳에서 생존하려고 애쓰는 식물은 모양새가 다르다. 식물이야 빛이 없는 음지에 자리한 자신을 빛이 많은 양지로 옮길 수 있는 능력이 없다지만, 인간은 가능하다.

의식 혁명의 대가인 데이비드 호킨스는 그의 저서, 《치유와 회복》(Healing and Recovery)에서 '80%의 사람들은 주로 두려움이나 회피에 의해 움직이는 반면, 20%의 사람들만이 신뢰와 긍정에 의해 움직인다'고 한다. 어려운 환경을 마주하게 될 때 두려운 그 자리에서 방향을 돌리면 빛을 향할 수 있다는 것을 인식하지 못하는 경우가 무려 80%나 된다는 것이다. 대부분 어두운 환경을 탓하기만 한다. 이와 마찬가지로 내면의 생각들도 어두움과 빛이 있다. 내면의 존재는 늘 빛으로 있다는 것을 심리학자, 뇌과학자, 양자물리학자들이 자신의 언어로 설명한다.

인간의 의식에 대해 평생 연구했던 정신과 의사이자 의식 혁명가였던 데이비드 호킨스 박사는 더 나아가 광고 산업은 제품을 판매하기 위해 우리의 두려움을 이용하기 때문에 우리는 깨어나야 한다고 강조했다. 슬픔은 과거에 경험했던 것들과 관련이 있지만 두려움은 과거의 경험치에 의해 앞으로 경험하게 될 미래에 대한 감정이다. 그것들은 일상 생활에서 걱정, 불안 또는 공황이란 감정으로 다가온다. 이러한 두려움을 해결해 주기 위한 제품을 판매한다고 경종을 울렸다.

호킨스 박사는 두려움 기반의 의식에서 신뢰 기반의 의식을 선택해야 한다고 강조한다. 신뢰기반의 의식은 하이어 셀프가 나의 온전한 반쪽이라는 사실을 알 때 드러나는 의식이다. 그 의식의 선택은 바로 우리가 어떠한 미래를 바라보는 시각에서 비롯된다.

자신이 원하는 자신의 모습을 상상해 본 적이 있는가? 그 꿈을 실현하기 전에 지금 그려보는 것이 얼마나 강력한 변화를 이끌어 낼 수 있는지 코칭 사례를 들어보겠다.

종종 환경과 조건에 갇혀 딜레마에 빠져 있다고 생각할 때 가장 빠르게 문제해결을 도울 수 있는 방식이 있다. 문제 안에서 문제를 어떻게 해결할지 고민한다면 그 상태만 강화된다. 잠시 문제는 옆으로 미뤄두고, 고객을 다른 환경, 다른 시나리오에서 현재 자신과 상황을 볼 수 있도록 안내하는 코칭 대화에 잠시 참여해 보자.

A: 달성하고 싶은 목표와 관련해 자신이 할 수 있다는 생각을 제한하는 것은 무엇일까요?

B: 저는 회사 일로 시간이 없어요. 그리고 퇴근하고도 아이들을 돌보고 집안일을 하느라 너무 정신없고요. 그런데 승진하기 위해서 자격증도 따야 합니다.

A: 그러한 환경 제약에도 불구하고 열심히 살아온 과장님이 과거에 유사한 환경에서 해냈던 방법은 무엇이었나요?

B: 질문이 굉장히 반갑네요. 저는 강력한 목표를 설정해 놓으면 끌고 가는 기질이 있어요. 그동안 저도 나름 최선을 다해 살아왔으니 무엇인가 좋은 방법이 있을 수 있겠네요.

A: 목표한 사항이 성공적으로 이루어지는 모습을 상상해 보세요. 그 모습은 어떤가요?

B: 제가 중요하게 여기는 가치들을 모두 이루어 낸 모습이에요. 회사 일도, 가정도 잘 해내고, 회사에서 능력을 인정받는 일도, 자기계발을 통해서 자아실현 하는 일도 모두가 저에게 중요한 모습이네요.

A: 중요한 것들이 한 장면에 모두 있는 그런 상상을 하니 기분이 어떤가요?

B: 희열입니다. 나 자신이 자랑스럽고 뿌듯합니다.

A: 자신이 뿌듯하다고 하셨는데요, 그런 모습을 통해 어떤 생각이 드시나요?

B: 바빠도 이 에너지로 충전해 가면 미래 제가 이루고자 한 목표를 실현할 수 있다는 확신이 듭니다. 자격증 취득 시험은 힘들다고 과시하지 않고 비밀연애를 하듯이 조용히 진행하겠습니다.

A: 지금 이 순간 비밀연애의 희열을 느낀다면 어떤 행동을 할까요?

B: 갑자기 바삐 진행되는 일상에 고요함이 느껴지는데 소름이 돋는데요!

고객은 내면의 힘을 느낄 수 있었다. 코칭에서는 매우 중요한 스킬 중에 하나이다. 원하는 그 사람이 될 준비가 되어 있는가? 그 사람이 될 준비가 되었다면 그 사람의 주변환경의 새로운 시나리오를 작성하고, 지금 그 환경으로 들어가 그 사람이 되어 보도록 촉진하는 것이다.

미래에 내가 원하는 사람이 되기 위해서 가진 것이 너무 없다고 생각하는가? 아직 충분한 역량이 없다, 몸매가 마음에 들지 않는다, 거주하는 곳이 미천하다고 생각하는가? 이 모습은 분명히 현재의 나일 것이다. 엄밀히 말하자면 현재의 나는 없다. 현재의 나는 과거를 축적한 결과이기 때문이다. 그러므로 원하는 미래의 자신이 된다는 것은 지금까지의 패턴과는 사뭇 다른 면모가 요구될 것이다.

    내가 원하는 미래의 모습은 어떠한가? 되고 싶은 사람의 이미지를 떠올려 보자. 나는 현실이 딱히 만족스럽지 않을 때 혹은 짜증 날 때 혹은 이곳에 머물고 싶지 않을 때 종종 습관적으로 상상의 나래를 편다. 태생적으로 구체적인 방법을 논하는 것을 별로 좋아하지 않는다. 여하튼 내가 되고 싶은 그 사람은 지금 현재의 어둠에서 나를 건져 올릴 수 있다는 것을 느낀다. 나는 그렇게 어둠이 싫어서 상상의 미래에 가 있는 취미가 생겼는지도 모른다. 그냥 답 없는 4차원적 망상이라며 주변의 비판에서 자유로울 수 없었고 그런 나에게 무엇이 필요한지도 몰랐다.

    데이비드 호킨스 박사는 정신과 의사로서 사람에 대한 40여 년 연구의 결과물인 의식의 지도를 우리에게 선물했다. 두려움에 이끌리는 것은 용기와 비전에 이끌리는 것보다 낮은 의식 상태이며 의식의 수준을 용기와 사랑, 수용, 온정의 상태로 전환하려면 다른 정서를 받아들여야 한다고 강조한다. 인류라는 거대한 집단의 역사를 힐끗 둘러보기만 해도 우리가 두려움에 갇혀 살고 있다는 것을 이해할 수 있다. 그러나 우리는 동물의 왕국에 사는 것이 아니기에 전환이 가능하다. 전문가들의 연구결과를 이해하고 수용한다면 지금 당장 전환이 가능하다. 그리고 미래를 효과적이고 성공적이며 건설적으로 바라보기를 선택하고 그 연습이 필요할 뿐이다. 우리는 이러한 연습을 하지 않았기 때문에 미래에 대해 두려움 기반의 전망이 익숙해져 있을 뿐이다.

내가 원하는 미래의 자신을 볼 수 있다면 뇌의 전전두엽에서 경험하는 자신의 정서가 달라진다. 좋은 감정을 느끼도록 노력하고 계발해야 한다고 가르치지만 무엇보다 중요한 것은 자신의 의식 상태에서 출발하기 때문에 의식의 차원이 달라져야 한다. 어려운 점은 자신이 그동안 습관적으로 생각하고 행동해 온 패턴을 바꿀 수 있는 강력한 의식이 필요한데 이전의 패턴을 양산한 의식에서는 실행할 수 없다는 것이다. 완벽하고 무한한 지성을 가진 우리의 영적 존재의 의식을 소환해야 한다. 무한한 잠재력과 지성을 우리 삶에 나타나도록 하기 위해서는 구체적인 모습을 가질 때 매우 효과적이다. 즉 미래에 자신이 되고 싶은 사람은 어떤 모습인지 말이다. 자신의 퓨쳐 셀프에 대해 무슨 생각을 하고 어떤 감정을 가지고 어떤 행동을 하고 싶은지 구체화할 때 현재의 방향은 미래의 방향과 일치한다.

80%의 내면 환경과 20%의 외부 환경

중요한 것이 눈에 보이지 않는다는 것은 알고 있다. 우선 가장 중요한 공기, 사랑, 신뢰, 평화 등이 그렇다. 보이지 않는 것들이 보이는 어떤 것으로 나타나는 과정이 있다. 우리가 잘 알고 있는 표현으로 '운칠기삼'이 있다. 일곱 번의 운이 따라주어야 세 번은 스스로 일어난다는 의미이다. 운으로 표현했지만 매우 과학적인 설명이 가능하다. 과학의 관점에서는 이러한 현상을 임계질량으로 표현한다. 내면의 그릇에 무엇이든 차오를 때까지는 밖에서 볼 수 없다. 차오르기 시작하는 시점에 눈에 보이는 것을 운으로 묘사하였음에 틀림없다.

스텐포드 경영대학(MBA)과정에서 졸업생 대상으로 한 리더들의 종단 연구에서 지속 가능한 성장을 일구어 낸 사람들은 자기인식(Self Awareness) 능력이 뛰어나며 내면의 게임을 꾸준히 해온 것으로 나타났다. 내면의 게임에 충실하여 임계 질량에 다다르면 운칠기삼 현상이 나타나고, 전략적 게임이 행운처럼 다가온다는 재미있는 연구결과이다.

나는 이 과정을 파레토의 법칙으로 설명하고 싶다. 80%는 눈에 보이지 않다가 20%는 기하급수적으로 성장하는 현상을 파레토가 80:20으로 설명한다. 조직에서는 두각을 나타내는 사람 20%가 80%의 성과를 견인하는 현상을 설명하는 데 쓰이기도 한다.

내면의 힘을 경험하려면 자신의 활동을 멈추고 자신을 성찰하는 것이 필수 과정이다. 내면을 들여다보면서 자신에게 진짜 중요한 의미는 무엇인지, 어떤 일을 할 때 기쁜지, 삶의 목적은 무엇인지 등에 대하여 자신과 대화하고 질문하고 답을 찾아가는 내면의 여정을 지나야 한다. 일상의 활동에서 내면의 환경을 건강하게 구축하는 일이 80%가 채워지면 나머지 20%로 마법 같은 삶이 가능하다고 본다. 애쓰지 않는 것 같은데 굳건하게 자신의 삶을 영위해 가는 사람들의 비밀이다.

괴테는 "올바른 목적에 이르는 길은 그 어느 구간에서도 바르다."라고 말했다. 80%의 여정을 말해주는 듯 한다. 목적지에 도착하는 것이 목적이 아니다. 어느 과정에 있든지 바르다는 것이다. 괴테의 주옥 같은 말은 내 삶의 태도를 완전히 바꾸어 놓았다. 나는 그 어느 구간에서도 바른 목적의 여정에 가치를 두고 살지 못했다. 옛말에 모로 가도 서울만 가면 된다는 말처럼 도착만 하면 된다고 여겼다. 부끄러웠다. 내 삶의 여정은 어떤 모습이었을지 상상하는 것은 어렵지 않을 것이다. 늘 바쁘고 정신없었다. 불과 2-3년 사이의 변화에 지인들은 완전히 다른 사람 같다고 표현한다. 나에게는 목적지에 이르는 것이 더는 삶의 목표가 아니다. 삶의 여정, 어느 순간에서도 삶의 의미를 찾고 선택하는 것이 내 삶의 목적이 되었다.

이전의 패러다임에서는 아무리 좋은 뜻을 가진다 한들 가시적인 결과물을 내놓지 못하고 그 동안의 의미와 노력이 부정당할 때, 우리를 좌절하게 만든다. 우리는 목적을 이루지 못하고 결과를 얻지 못하면 그 과정에서 얻는 배움이나 경험의 충만함까지 저버리게 되면서 결과에 집착하고 집착하면 할수록 지금 여기에서 더욱 멀어지는 딜레마에 빠지곤 했던 것이 우리 모두가 경험했던 사실이다. 그러나 이제는 어디에 있든 어느 시점에 있든 목적이 이끄는 삶을 선택한 나는 내면으로부터나 외부 환경으로부터 한없이 인정받는 느낌이 나를 충전한다.

보물찾기

어린 시절 소풍 가서 보물 찾기 했던 시절을 떠올려 보자. 나는 늘 보물을 찾지 못했다. 그리고 속으로 '나는 원래 그런 거 잘 못 찾아', '원래 그래.' 어른이 되어서도 '난 운하고는 담 쌓은 사람이야.' 그런데 지금 돌아보면 집중해서 주의를 기울여 나무 사이를 보고 벤치 사이에 수북한 나뭇잎을 찬찬히 들여다보려고 하지 않았다. 선생님의 주문이 떨어지면 단지 보물만 찾을 생각에 그저 이리저리 뛰어다녔던 기억이 떠오른다. 반면 주의를 기울이면서 이곳저곳을 살피며 다니는 친구들이 보물을 발견하곤 했다. 행운을 거머쥔 친구들은 보물이 있을 법하지 않은 환경을 기꺼이 관찰하고 살피느라 돌멩이 하나라도 들춰보고, 나뭇잎을 거둬봤다고 한다. 이제와 생각하니 비밀은 그들이 세상을 보는 방식에 있는 듯하다. 보물이란 결과물을 찾으려고 고군분투하는 것이 아니라 보물을 감추고 있는 환경에 주의를 기울인다. 주어진 환경과 상호작용하면서 떠오르거나 드러나는 것에 집중한다. 주로 겉으로 드러난 모습은 좋아 보이지 않아도 그 이면에 무엇이 있는지 관심을 갖는 일이다. 환경이 어떤지, 나뭇잎으로 덮여 있는지, 돌 밑에 놓여 있는지, 담벼락 너머에 있는지 주의를 기울이면 자연은 자신의 비밀을 드러내는 듯하다.

60 평생 원하는 것만 찾아서 우왕좌왕하는 방식으로 살아온 내가 애처로울 따름이었다. 대부분 원하는 것, 그것이 부자가 되는 일이든, 승진하는 일이든, 성적이 오르는 일이든, 책을 쓰는 일이든, 원하는 결과

물이 보물처럼 눈앞에 딱 들어와 주기를 바라는 마음이 너무 커서 결과물만 생각했다. 그래서 보물의 모습과 현재는 극적으로 대비가 되어 더욱 위축된 상태로 게임에 임하게 된다. 방향성 없이 의식 없이 그저 열심히 이리저리 뛰어다닌 나는 내가 사랑하는 자신의 내면의 환경에 여러모로 좋지 않은 영향을 미치고 살아왔음을 깨달았다. 그동안 존재의 목소리와는 동떨어진 삶을 살면서 얄궂은 인생만 탓하곤 했다.

잘못된 방향임을 알고 유턴하였고, 천 리 길도 지금의 한 걸음으로 시작된다는 진부한 진리를 받아들여 다시 첫 걸음을 시작했다. 진부하지만 진리인 이유가 그 한 걸음을 떼는 마음은 이미 천 리 길을 마음에 담았기 때문이다. 방향 없이 천 리 길을 이리 뛰고 저리 뛰어다닌 것이 아니라 지금 이 순간에 주의를 기울여 한 걸음에 집중하는 여정을 시작했다. 한 걸음과 지금 여기에 집중한다면 천 리 길을 집중할 수 있다는 스승의 가르침에 나는 확신을 가졌다.

이것이 비밀이다. 천 리 길 이후에 만나게 될 결과는 오늘의 한 걸음의 씨앗 속에서 보물이 자라나도록 허락하는 것이다.

그저 주어진 것은 가치가 없다

그저 주어진 것은 아무리 좋은 경험일지라도 일주일을 가지 못한다. 하버드 교수의 실험에 따르면 행복한 경험이 얼마나 오래가는지 잘 알 수 있다. 학생을 두 개의 그룹으로 나누어 그냥 주어진 것으로 행복한 경험을 하는 A그룹과 의미 있는 일을 선택해서 만들어 낸 행복을 경험한 B그룹이 느끼는 행복감에 대한 실험이다.

A그룹과 B그룹 학생 모두에게 200달러를 주말에 사용하도록 했다. A그룹 학생들은 200달러를 자신의 행복을 위해서 사용했다. 여자친구와 영화를 본다거나 자신을 위해 헤드셋 등을 마련했다. B그룹 학생들은 주로 의미 있게 타인을 돕는 일을 하였다. 예컨대 한 학생은 싱글맘이 된 누나의 아들에게 수학을 가르치고 피자를 사주는 등 조카를 위해서 사용하였다.

실험 결과는 A그룹 학생들이 경험한 행복은 1주일 이상 가지 않았지만, B그룹의 학생들이 경험한 행복은 자신을 뿌듯하게 늘 충만함을 주는 기억으로 남았고 기억할 때 몸 안에 충만한 에너지를 느꼈다고 했다. 행복은 얻고자 해서 얻어지는 게 아니라 어떤 일의 결과로 느끼는 감정이다. 사람이 행복하려면 행복한 이유가 있어야 한다. 그리고 일단 그 이유를 찾으면 인간은 저절로 행복해진다. 인간은 행복을 추구하는 존재가 아니라 주어진 상황에 내재해 있는 잠재적인 의미를 실현할 때 결과물과 더불어 느끼는 충만함이라고 전문가는 말한다. 그렇기에 자신이 하는 일이 무엇이든 의미를 찾는 데 성공하면 그 일은 자신에게 행복을 가져다줄 뿐 아니라 시련을 견딜 수 있는 힘도 제공한다.

의미를 찾으려는 의지가 없을 때는 순간적인 쾌락을 추구하는 행동이 뒤따른다. 이때 그냥 주어지거나 쉽게 얻을 수 있어 순간적인 즐거움과 쾌락을 추구하는 행동이 패턴으로 구축될 때 신체에 미치는 영향은 해로운 경우가 대부분이다. 순간적인 즐거움과 쾌락을 느끼게 하는 호르몬이 도파민인데 도파민은 중독성이 강해서 쾌락의 강도를 점점 높여줘야 행복으로 느낄 수 있다. 주변에서도 쉽게 찾을 수 있는 중독의 경우가 그렇다.

반면에 자신보다 더 큰 가치를 타인을 위해 창출하는 일에 자신이 잘하는 능력을 발휘하면서 그 일에서 의미와 목적을 찾으면 이때 느끼는 행복은 자랑스러운 순간으로 영원히 기억에 남게 된다. 심지어는 그 기억을 떠올릴 때마다 면역시스템을 강화하는 데 필요한 아미노 글로블린 A 호르몬이 분비된다. 이 호르몬은 중독성의 문제를 일으키는 호르몬이 아니며 아무리 지나쳐도 문제가 되지 않는 우리 몸의 산소 같은 호르몬이다. 이렇게 의도적으로 자신을 이타적인 정신으로 확장해 갈 때, 내면의 존재, 하이어 셀프와 분리된 존재가 아니라 진짜 나와 한 방향으로 삶을 영위해 간다. 이때 애쓰지 않아도 삶이 나를 통해서 자연스럽게 흐른다는 느낌을 갖게 된다.

조건 없이 사랑할 수 있는 힘

조건 없이 사랑할 수 있는 힘은 자신을 사랑하는 힘에 있다. 자신을 사랑한다는 의미는 무엇일까? 우리 안에 있는 하이어 셀프와의 연결로 나는 자신과 사랑에 빠진다. 나의 삶을 사랑할 수 있는 힘을 소유한다. 내면의 존재는 창조주의 형상을 닮은 신성한 지능을 가지고 있다. 하이어 셀프의 본질은 사랑이다. 내 안의 신성한 마음은 나 자신을 조건 없이 사랑한다. 나는 그 사랑의 렌즈를 통해 삶을 보고 있기 때문에 조건 없이 사랑할 수 있는 힘이 있다.

내면의 힘과 연결된 나는 두려움을 극복했기 때문에 겉사람의 내가 원하는 모습을 허용한다. 판단하지 않는다. 그 모습 그대로 지켜볼 수 있는 힘이 있다.

특히나 가족이나 공동체 안에서 더욱 그렇다. 하이어 셀프와 내가 같은 이상을 공유하는 한, 우리가 함께 일하는 한, 우리가 한 공간에서 상호의 독립성을 가지고 있는 한, 그리고 우리가 삶에 최선을 다하는 한, 일상의 이슈들이 더는 문제가 되지 않는다. 금전 문제, 관계의 어려움, 건강, 다이어트, 능력 등에 관한 것이 더는 문제가 되지 않는다는 의미이다.

우리가 모르는 일은 내가 겉사람을 나의 거울처럼 보게 될 때 나는 그를 어떻게 맞이할 수 있는지 궁금하다. 나는 이제 나 자신을 최선을 다해 사랑하는 일에 빠져 있기 때문에 그 사랑이 거울 효과를 일으켜 나의 에고를 사랑스럽게 보게 된다. 만약 에고의 모습이 그렇지 않아도 괜찮다. 나는 다시 나에게 최선을 다하면 되기 때문이다.

3장

하이어 셀프 존재로 살아가는 삶은 어떤 모습일까?

하이어 셀프와 연합된 나는
뇌기능과 구조를 원하는 대로 창조한다

뇌과학에 따르면, 두뇌는 매초 1,100만 비트의 정보를 수신하지만 처리할 수 있는 정보는 초당 40비트에 불과하다. 뇌는 1,100만 비트의 정보 중 무엇을 무시할지, 무엇을 수신하여 처리할지 스스로 선택한다. 어떤 과학 기술로도 가능하지 않은 일이 내 머릿속에 일어나니 자신이 하는 일이라고 전혀 믿을 수 없을 것이다. 물론 무의식 상태에서 일어나는 현상이지만 추적하면 알게 모르게 본인의 선택으로 벌어지는 일이다. 현실은 수많은 정보 중에 매우 적은 양의 정보를 무의식이든 의식이든 스스로 선택한 결과이다. 이렇게 선택된 것은 세상을 인식하고 해석하는 방식을 형성한다. 그래서 지금 내가 경험하는 현실이 바로 나이다. 사실인지 실험해 보았다.

나는 하트 모양을 보고 싶다고 결정하고 잠들기 전에 하트 모양을 상상하고 종이 위에 그리고 잠들었다. 다음날 아침 운동 가는 길에 떠오르는 해를 보면서 희열이 무엇인지 경험했다. 해님 위에 빨간 하트가 올라와 있었다. 문자 그대로 벅차올랐다.

일반적인 경험으로는 만약 내가 어떤 것을 간절하게 소유하고 싶어서 선택하고 내 안에서 상상하고 그와 관련된 생각을 하게 되면 바깥 세상에서 그 대상을 우연히 만나게 된다는 것을 한두 번쯤 경험했을 것이다. 이런 현상은 우연이 아니라 과학과 영성이 수렴된 융합의 현상이다. 이러한 뇌의 기능을 RAS(Reticular Activating System)라 한다. 망상체활성화 시스템은 뇌의 뇌간에 위치하며 우리가 잠든 사이에도 눈과 귀는 RAS에 정보를 제공한다. 마치 AI 시대에 뇌 안에 컴퓨터 칩을 삽입하듯이, RAS 칩이 뇌의 가장 깊숙한 곳에 내장되어 있다. 참고로 비교하자면 AI 컴퓨터 칩은 뇌 안으로 침투할 수는 없다. 뇌와 두개골 사이, 수막이라는 미세한 공간에 끼워 넣는 것이다.

Dr. Daniel Siegal

자신이 중요하게 여기는 것, 가치와 삶의 의미를 의식적으로 알고 선택하면 RAS는 그와 관련된 많은 정보를 수집한다. 그러한 원리로 나는 떠오르는 해 위에서 빨간 하트 모양을 볼 수 있었다. 아무리 유능한 비서 혹은 AI 컴퓨터라도 환경으로부터 매초 1,100만 비트의 정보를 수신하는 것 중에 의식해서 처리할 수 있는 정보는 초당 40비트에 불과한 뇌의 정보처리 한계를 어떻게 도울 수 있을까? 어떤 의식을 선택할지 우리의 선택과 일치하는 것으로 수많은 정보 중에 매우 적은 양의 선택적 정보를 충성스러운 비서(RAS)가 필터링한다. 뜻밖의 순간에 매직이 생겨나는 현상에 대한 과학적 설명이다.

이전의 RAS가 반대의 정보를 수집해 왔다고 실망할 필요는 없다. 우리는 자기 성찰이 가능한 존재이기 때문에 내 삶에 원하지 않았던 매직이 끌려왔다면, 다시 시작할 힘이 우리 내면에 존재한다는 것을 기억하자. 원하지 않는 것을 노래하지 말고 원하는 것에 집중한 노래를 부르기 시작하면 된다. 원하는 노랫말에 집중할 때 놀라운 매직이 또 일어난다.

내가 삶의 주인으로서 마음가짐을 달리하면 뇌의 기능과 구조를 바꿀 수 있다. 습관대로 살아가는 것이 아니라 원하는 변화를 가져오겠다고 각오한다면, 즉 자유의지를 표현한다면 뇌는 주인의 말을 듣는다. 어떻게 알 수 있나? 전문가가 아니더라도 뇌기능을 촬영하는 fMRI 기계 안에서 삶의 방향을 세우고 각오를 신언할 때 뇌의 어떤 부분이 기능하고 구조가 어떻게 달라지는지 이미지 촬영으로 알 수 있다. 앞에서 잠시 설명했듯이 뇌기능 모드가 달라진다. 두려움 상태에서 신뢰와 사랑의 상태로 전환된다. 두려움 상태에서 사는 사람의 뇌는 아미그달라라 하는 편도체가 신뢰의 상태에서 사는 사람보다 크다. 두려움을 작동시키는 뇌의 길에 뇌세포가 집결되어 덩치를 키웠다고 해석한다. 반대의 경우는 전전두엽이 더 크게 관찰된다. 신뢰 상태가 생기면 마음이 열려 새로운 가능성을 실현하기 위한 전략과 실행을 탐색할 수 있고, 그곳으로 뉴런이 모여 새로운 길을 만들어간다.

이렇게 우리 스스로 어디에 집중하여 어떤 선언을 하고 사느냐에 따라서 충성스런 시스템은 실시간 유기적으로 기능한다.

하이어 셀프와 연합된 나는 내 몸의 항상성을 유지한다

우리 몸은 생리학적으로 흥분 상태를 오래 유지할 수 없다. 우리 몸의 균형을 유지하는 최적의 기준점이 있다. 이 기준점을 평소 상태로 유지하려는 시스템을 항상성이라 부른다. 만약 불편한 감정이 생겨서 불편한 에너지를 느끼면 최대한 빨리 기준점으로 돌아가려고 한다. 그 시간은 3초에서 길어야 90초이다. 신경과학자 질 볼트 테일러 박사는 저서 《나는 내가 죽었다고 생각했습니다》에서 감정이 촉발되면 뇌에서 분비되는 화학물질이 혈류로 밀려들면서 신체 감각이 활성화된다고 말한다. 그리고 90초가 지나면 그 화학물질은 혈류에서 사라진다. 90초라는 짧은 순간이 기회의 창이다. 불편한 감정으로 야기된 호르몬과 화학물질의 불균형을 항상성의 원리로 통제기능을 되찾을 때까지 신체가 감정을 받아들여야 한다. 신체적인 감각을 느끼고 참아야 한다. 제아무리 밀물처럼 생화학적 물질과 호르몬이 밀려와도 그 순간 내 몸의 감각을 뚫어지게 관찰하고 집중하면서 느끼고 붙들면 밀려 나가게 되어 있다. 여기에 기적이 숨어 있지만 대부분의 사람들은 불편함을 느끼지 않으려고 나름의 대처 방법을 사용한다. 나의 대처 방법은 냉장고 문을 여는 것이다.

우리가 감정적으로 느끼는 것은 몸이 먼저 감각으로 느끼는 경우가 대부분이다. 불쾌한 생각이 들 때 몸에 열기가 먼저 오르는 것처럼 말이다. 몸이 이미 느낀 감정은 흘러가도록 허락하는 방법이 가장 효과적이다. 몸은 머리의 생각으로 통제되지 않기 때문이다. 몸의 생각은 감정인

데 머리의 생각의 속도로는 따라잡을 수 없기 때문에 그런 수고를 할 필요도 없다. 이때 필요한 것은 아무것도 하지 않는 상태에서 감정을 알아차리고 집중하면 된다. 항상성의 원리를 이해하고 3초에서 90초 동안 그 감정에 집중하고 헤아린다면 몸은 원래의 균형점으로 돌아갈 수 있다. 그러면 경험으로 생겨난 감정은 몸에 축적되지 않는다. 축적되지 않아야 새로운 경험을 할 수 있는 공간이 생기며 그 경험을 위한 에너지가 자연스럽게 흐를 수 있다. 불편한 경험을 할 때 그 감정을 생각과 행동으로 표현하지 않고, 감각에 집중해서 감정이 몸 밖으로 빠져나가도록 허락하는 것이 중요하다.

하이어 셀프와 연합된 나는 성공의 증거를 만든다

나는 더는 혼자가 아니다. 나의 베스트프랜드 하이어 셀프와 언제 어디서나 연합할 수 있다. 나는 두 개의 얼굴을 가진 하나의 존재 같다. 철저하게 자기 중심적일 때도 있고 정반대로 전체를 생각할 때도 있다. 자기 중심적일 때는 마치 어린아이 같다가도 나보다 더 큰 존재에 집중하여 의사결정하는 기특한 존재이기도 하다. 중요한 것은 더는 자신을 둘 중에 하나로 분리하지 않는다는 점이다. 동전에 두 개의 면이 있지만 모두 하나의 부분이듯이 나를 그렇게 객관화하면서 여유를 만들어 간다.

나는 만족스러운 유년기를 보내지 못했기 때문에 갈망이 지대했던 것 같다. 그래서 성인이 된 이후 이런저런 갈망의 상태를 채우다 보니 겉으로 보기에는 행복해 보이는 것들을 주섬주섬 채우려고 애써 왔지만 전혀 행복하지 않았다. 채운 듯 보였으나 이내 다른 갈망이 생기곤 했다. 그래서 궁금했다. 언제 행복할 수 있는지, 어떤 모습을 성공이라 할 수 있는지 말이다. 이러한 질문을 진심으로 하게 된 이유는 코칭 대화를 통해 수많은 사람들과 이야기를 하면서 성공한 듯 보이는 고객들도 나처럼 행복하지 않다고 토로했기 때문이다. 심지어 종교계 지도자들이나 그들을 돕는 가족들도 유사한 고민을 했기 때문에 나는 좀 더 깊이 알아보고 싶었다.

UCLA 정신의학과 임상교수이면서 신경과학자이자 영성가인 다니엘 시걸(Daniel Seigal)으로부터 뇌과학 기반의 영성 훈련을 직접 받고 난 후 그 해답이 떠오른 것 같다. 둘 중 하나를 골라야 하는 부담은 어디서부터 왔을까? 종종 그 패러다임에 빠지는 듯하다. 요즘 코칭 대화에서도 영성 트랜드의 영향을 받아 존재에 대한 가치가 부각되면서 자기중심적 에고의 마인드는 나쁘고 전체 중심적인 존재의 마인드는 좋은 것으로 보는 여전히 다른 하나를 배제하려는 환원주의(reductionism) 사고가 있다는 것을 종종 느낀다. 심지어는 영성과 깊은 연관성을 가진 종교에서도 전체성에 접근하기 위해서는 개인성을 배제해야 한다고 주장한다.

다니엘 교수는 빼는 것이 아니라 더해야 한다고 말한다. 두 가지 특성의 마인드를 통합(integration)해야 하는 이유는 큰 것에 합체가 되어 개인의 특성이 희생당하거나 사라지는 것이 아니라 각각의 특성이 합쳐져 상상할 수 없는 시너지를 만들 수 있기 때문이라고 설명했다. 과일 샐러드가 과일 각각의 맛과 형태를 띤 채로 샐러드 볼에 담겨 나오듯 말이다. 과일 스무디를 만들어 버리면 개인의 맛은 사라진다. 고객 중에 한 분은 늘 전체성 안에서 자신을 느껴보지 못하고 살아온 삶이 의미 있다고 했다. 그런데 어느 날 행복한 적은 없었다고 고백했다.

삶의 과정에서 행복을 느끼고 기쁨을 느껴야 성공적인 삶의 증거들이 나온다. 이것이 마법 같은 삶을 살아가는 새로운 패러다임이다. 어떤 일을 이루고, 소유하고 나서야 행복할 수 있는 것은 과거의 패러다임이다. 새로운 패러다임 안에서 느끼고 생각하고 행동할 수 있는 힘은 하이어 셀프와 함께 할 때 애쓰지 않고 자연스러운 흐름을 탈 수 있을 것이다.

하이어 셀프와 연합된 나는 신의 주파수에 맞는 파동을 송출한다.

이 시대에 나 혼자의 힘으로 살아간다고 애쓰는 것은 마치 미국에 가는데 비행기로 갈 수 있음에도 몇 달간 예측할 수 없는 날씨를 뚫고 배를 타고 가는 것과 같다.

내 안의 잠재력을 불러일으키고 그 잠재력을 세상에 실현하려는 다양한 방법론을 배우고 시행착오를 해왔지만 노력의 결과는 지지부진하다. 이제 개념적이고 추상적인 것을 이해하여 내 것으로 만들려는 노력은 시대착오적이다. 내면의 것을 찾아 자신의 것으로 활용할 때가 되었다. 끊임없이 변화하고 무수한 정보가 유혹하는 불확실성의 시대에 더는 흔들리며 세상의 먹이감으로 살아갈 수는 없다. AI가 주도하는 세상이 도래하였고 새로운 가치관이 형성될 것으로 예상한다. 이전의 시대는 물질의 여부에 의해 자신의 가치를 측정하였지만 이제 다가올 시대는 하이어 셀프의 존재 여부가 개인의 가치를 측정하는 새로운 기준이 되지 않을까 기대한다. 왜냐하면 인간은 신의 형상인 영성의 힘과 자신의 육체의 힘을 가지고 창조되었기 때문에 우리 내면에 존재하는 영성의 존재가 지닌 위대한 선물을 세상에 보여주어야 한다.

현대의 과학은 양자물리학으로 보이지 않는 에너지의 미시세계를 보여주고 있다. 아인슈타인의 상대성 이론에서도 결국 물질도 에너지라는 것을 증명하고 있다. 내면의 존재가 의식이라는 에너지로 존재할 뿐만 아니라 외면의 육체인 나도 결국은 에너지로 귀결된다고 설명하고 있다. 우리가 보고 만지는 세상도 보이지 않는 것과 같이 에너지로 움직인다는 설명이 우리에게 던지는 메시지는 지대하다. 높은 의식으로 갈수록 빛의 밝기가 높고 주파수가 높다. 과학기술로 보여지지 않는 미시세계에서 에너지의 퀀텀 점프를 관찰할 수 있다. 보이는 3차원의 세상에서도 확실하고 지속 성장이 가능한 변화가 일어난다는 의미이다.

하이어 셀프와 연합된 나는 인생의 드라마를 수용한다

이미 존재했던 내면의 힘을 발견하여 그 힘을 되찾은 사람은 그 힘에 연결된 상태의 존재감이 남다르다. 이때 우리는 자신의 주변에서 일어나는 드라마를 관찰할 수 있다. 마치 주변에서 발생하는 드라마를 한겨

울 혹한의 날씨로 비유한다면 굳이 몸소 경험하여 냉혹함을 아는 것이 아니라 매서운 날씨를 창문 밖으로 지켜보는 것이다. 이때 삶의 다양한 드라마는 교훈을 주고 스스로 물러나곤 한다.

　나의 인생 드라마를 하이어 셀프와 함께 했을 때와 그렇지 못할 때를 비교해서 간접경험을 할 수 있도록 안내해 보려 한다.

　남편과 40년 가까이 살아왔음에도, 아직도 계속해서 화가 치밀어 오르는 것이 있다. 남편은 같이 외출할 때, 언제나 먼저 나가 엘리베이터를 타고 혼자 내려간다. 그러면서 늘 서두르지 않는다고 잔소리를 한다. 더 나아가 늘 최악의 시나리오를 준비해서 일어날 수 있는 상황을 읊어댄다. 은퇴 이후 나를 도와주려는 마음이 고맙다가도 최악의 시나리오를 듣는 순간은 '저렇게 나를 모를까?' 하는 섭섭함과 반복되는 태도에 화가 난다.

　남편과의 드라마는 스멀스멀 편도체를 자극하면서 뚜껑이 열리기 직전이다. 남편은 오랜 직장생활 탓에 통제형이 되어 자신의 권위를 이용해서 가족을 강박하는 태도가 익숙하다. "회사 생활 그만둔 지 10년이 넘었으면 이제 그만할 때도 되지 않았나?"고 쏘아붙이며 나 역시 남편을 고쳐주려고 통제하기 시작한다. 나와 남편 사이에 가장 자주 등장하는 감정이다. 그런 말을 할 때는 따지는 말투가 되면서 선생님처럼 자세가 꼿꼿해진다.

　이때 교감신경이 극도로 활성화된 것을 알아차리고 나는 심호흡을 한다. 호흡의 길이를 좀 늘이려고 의도한다. 내쉬는 숨을 좀 더 길게 쉬면서 이내 호흡은 느려지고 잘잘못을 따지는 내 생각을 지켜본다. 남편의 마음이 나에게 전달된다. 과학적으로 숨을 의도적으로 천천히 들이마셔도 전전두엽이 활성화되어 거울세포의 기능은 최적화된다. 상대방의 감정을 공감할 수 있는 상태가 된다. 이내 남편의 마음이 훅 들어온다. 평소 은퇴 이후에 아내의 경제활동에 고마워하면서도 순간순간 최선을 다하지 않으면 그 기회가 사라질까 두려워서 대비하자는 취지로 한 말인데 즉각적이고 감정적인 반응으로 남편의 자존심에 상처를 내버린 내가 그저 유치하다. 까칠하다 못해 오만함을 즐기고 있던 내가 느껴져 민망하다.

나는 이렇게 하루의 일상에서 여러 차례 분리된 나 중심의 생각에서 연결된 우리 중심의 생각을 오가며 드라마를 지켜보기는 하지만 드라마를 살지는 않게 되었다. 빠른 전환이 가능한 결정적 이유는 어둠으로 들어갈 때 내면의 빛과 함께할 의도로 스위치를 올리는 아주 쉬운 행동을 했을 뿐이다.

양자물리학과 신경과학에 따르면 모든 생각은 에너지를 만들고 그 생각에 따른 감정은 더욱 큰 에너지장을 만든다. 특정한 생각을 반복적으로 하게 되면 이에 상응하는 감정이라는 에너지가 형성되며 에너지 자체가 파동으로 진동하여 주파수로 퍼져 나가 주변에 영향을 미친다. 이러한 감정의 에너지가 해소되지 않고 신체의 특정 부위에 쌓이게 되면 질병의 형태로 나타날 수 있다. 세계보건기구(WHO)에 따르면 전 세계인 질병의 90% 이상이 이러한 형태로 나타난다고 한다. 감정으로 야기될 수 있는 에너지를 회복탄력성으로 전환하기 위해서는 에고의 상태에서 영적 상태로의 의도적인 전환이 필요하다. 의도적인 선택과 초대를 할 수 있도록 노력해야 한다.

중세 페르시아의 3대 성인 중의 하나인 시인 루미는 내면의 존재, 신성한 존재의 모습을 신성한 집으로 묘사했다. 우리의 삶의 경험들은 결국 감정으로 남게 되는데 그 모든 감정을 맞이하는 것이 어찌 보면 지금 당장 할 수 있는 가장 작은 일인 동시에 가장 위대한 일인 듯하다. 내면의 집이 바로 내면의 존재인 진 자아를 묘사한다고 볼 수 있다.

다양한 감정으로 찾아오는 손님들을 정중히 맞이할 것을 부탁한다. 특히 뜻밖에 찾아오는 손님 중에 폭풍우를 몰고 오는 격렬하고 포악한 감정도 정중하게 맞이하자고 한다. 심지어 내면의 집의 가구들을 쓸어버릴 정도의 토네이도급 손님이라도 그저 맞이하자고 한다. 그 이유는 감정이란 손님은 모두 메신저일 뿐이라는 것이다. 의식의 지평 너머로부터 전달되는 정보를 가진 귀한 손님이다. 루미는 우리 신체의 시스템을 꿰뚫고 있었나 보다. 현대 뇌과학과 생물학에서 감정을 즉시 헤아리지 않을 때 자신의 몸에 분비되는 독성 화학물질이 결국 만성적 질병과 정신질환의 원인임을 증명하고 있다. 가슴을 울리는 아름다운 시로 삶의 태도를 전하는 그의 지혜가 돋보인다. 감정을 절대 자신과 동일시하지 않으면서 존중하며 떠나보낼 수 있는 나, 그 존재가 모든 사람의 내면에 존재하는 하이어 셀프이다. 이 신성한 존재의 높은 의식에서 나오는 주파수와 파동 안에서 모든 부정과 긍정은 하나로 융합된다.

과거의 경험으로 기록된 익숙한 감정과 흡사한 감정이 찾아와 나에게 코르티솔을 방출하라고 떼를 써도 잠시 관찰할 뿐 그 감정에 휩쓸리지 않게 된다. 단지 그 상태를 노래한 시인의 마음을 이해할 뿐.

게스트하우스

인간이란 존재는 손님을 맞는 집이다.
매일 아침 새로운 사람이 도착한다.
기쁨, 우울, 언짢음
어떤 순간적인 자각이 찾아온다.
기대하지 않았던 방문객처럼 말이다.
그것들(감정들) 모두를 환영하고 환대하자.
그들이 슬픔의 군중일지라도,
폭력적으로 휘몰아치고 집의 가구들을 다 날려버릴지 언정,
모든 손님들을 존중하며 대하라.
감정이란 손님은 새로운 깨달음을 위해 준비하도록 너를 씻어내고 있을 수 있으니.
어두운 생각, 부끄러움, 사나움,
그 모든 감정들을 문 앞에서 웃으면서 맞이하고,
모두를 안으로 초대하라.
누가 오든지 그 감정에 감사하라

모든 감정은 저 너머에서부터
너를 안내하기 위해 보내졌기 때문이니.

루미는 인간의 존재를 삶의 모든 경험을 수용하는 넉넉한 게스트하우스 주인으로 비유한다. 인간은 감정이라는 손님이 아니라, 손님을 품어주는 주인이라는 것이다. 진짜 내 인생의 주인은 모든 감정을 품을 수 있는 넉넉한 존재이며 이미 내 안에 있다는 것이 위로가 된다. 우리가 노력해야만 다가갈 수 있는 능력이 아니라 감정이 아닌 그 감정을 품는 것이 주인이 할 일이라는 것을 알아차릴 수 있다.

우리는 태어날 때 이미 신으로부터 주인으로서 삶에 필요한 존재의 힘을 선물로 받는다. 그래서 우리에게 희망이 있다. 원래 내면에 그렇게 주인으로 존재해 있다. 우리가 할 일은 그 주인의 힘을 되찾는 일이다. 문을 열고 들어가면 내 삶의 모든 경험을 맞이할 수 있는 사랑의 본질을 가지고 있는 존재가 내 반쪽이라니!

3부

내 안의 힘으로 살아가는 방법:
내면 작업

내 안의 힘으로 살아가기 위한 하이어 셀프와의 융합

 인생의 여정에서 모든 사람은 희로애락을 겪는다. 희로애락을 언제 어디서 어떻게 경험하든 늘 자기 마음대로 통제할 수 없다. 인생을 항해로 종종 비유하는데 항해는 고통의 바다를 건너는 것이 목적이 아니다. 항해의 방향을 설정하고 그곳을 향해가는 여정 자체가 목적이다. 항해가 고통이 되는 이유는 목적지에 집착하여 과정에서 만나는 여러 가지 환경과 조건에 대해서도 자신이 통제할 수 없는 것에 집착하기 때문이다. 바람의 방향, 바람의 세기, 해류 상황 등 자연의 힘이 자신의 예상과 같지 않다고 탓만 하면 물결에 휩쓸릴 수도 있다. 바람이 불어주지 않아서 항해를 할 수 없을 때는 돛을 내리고 잠시 쉬어 갈 수도 있다.

 자기계발 과정과 치유 과정을 돕는 방법을 마주하고 느끼는 압도감은 무엇일까? 바쁜 일정에 시간이 없다. 방법을 숙지하기 위해 배워야 할 지식이나 툴이 너무 많다. 무의식의 부분을 이해하기 더욱 광범위한 상담 영역을 배워야 한다. 각각의 전문성을 이해할 지식, 용어, 과정 등이 복잡 하다. 그러나 진정 자기계발이 어려웠던 이유는 딱 한 가지이다.

바로 모든 사람 내면에 있는 하이어 셀프를 삶의 현장에서 배제했기 때문이다.

하이어 셀프와 함께할 때, 우리는 어떤 환경도 뚫고 극복할 수 있다. 주변의 상황이 어려울 때는 잠시 멈추었다 다시 목적지를 조정하여 여정을 지속할 수 있다. 물론 중요한 것은 목표와 비전이라는 북극성을 찾는 일이지만 그 목적지를 향해 가는 여정에서 어려움을 만날 때 달라지는 자신의 태도가 모든 결과를 야기한다. 장애에 부딪혔을 때 포기하는 것은 말할 것도 없고, 반대로 파도가 세차게 일거나, 바람이 전혀 불지 않는데도 계속 항해하려 하는 태도도 다른 결과를 낳는다. 에너지만 낭비하다 지치고, 다른 변수를 직면하게 될 수도 있다. 문제는 어떻게 항해할 것인가이다. 바로 인생의 여정과 같다. 나의 삶을 어느 방향으로 어떻게 지속할지 과정을 배워야 한다.

잠시 쉬었다 가도 포기하기 않고 항해를 지속하는 데 있어서 우리에게 중요한 것은 두 가지이다. 첫째는 자신이 원하는 의도를 분명히 세우는 것이다. 북극성이 무엇인지 결정하는 일이다. 둘째는 그곳을 향해 가는 여정에서 크고 작은 문제들을 만날 때 그 너머에 있는 북극성에 집중하는 일이다. 그 과정에서 크고 작은 문제들은 무엇일까? 세계보건기구에서 현대인들이 병원치료를 받는 근본 원인의 95%인 거의 대다수가 감정에 달려 있다고 한다.

감정은 주로 '나는 상처받고 싶지 않아', '저건 두려운 일이야', '저건 너무 흥미롭네', '반드시 필요해' 등등 어떤 대상을 피해서 달아나려고 할 때, 혹은 반대로 어떤 대상에 이끌려 집착할 때 생기는 에너지이다. 이러한 에너지는 여러 가지 형태의 질병을 야기하는 주범이다.

다시 원하는 삶의 여정에서 우리가 명심해야 할 것들이 있다. 첫째로 북극성을 결정할 때 모든 것이 준비된 후에 목적지를 결정하는 것이 아니다. 준비가 되지 않아서 출발 자체를 미루는 사람이 많다. 이 생각이 대부분 카르마적인 삶의 순환고리에 자신을 가두게 된다는 것을 반드시 알아야 한다. 준비와 상관없이 어디에 도착하고 싶은지 생각하고 의도를 세우는 것이 우선이다. 의도를 세운다는 의미는 자신이 원하는 것을 명확히 하여 목적지를 설정하는 일이다. 이 순간에 자신의 에너지가 달라지는 것을 느낄 수 있을 것이다. 그러면 자신은 이미 의도하는 그곳에 있을 것이다.

두 번째로 북극성을 세우고 가는 과정에서 우리는 많은 어려움에 직면하기 마련이다. 그 어려움은 대부분 주변환경과 대인관계에서 비롯되는 소모적인 감정 에너지가 대부분이다. 다양한 삶의 경험은 결국 감정이라는 에너지로 기억된다. 대부분 인생의 경험은 부정적이고 불편하다. 혹은 막연하게 두려워 감정의 에너지를 거부해서 회피하거나 억누르거나 혹은 싸우며 맞선다. 이 모든 방식은 인생의 경험을 지금 여기에 있는 그대로 받아들이지 못하고 과거의 경험과 미래의 불안에 기반하기 때문이다. 이러한 삶의 경험으로 생겨나는 부정적인 감정을 그 삶 자체로 받아들인다면 고해에 빠져든다. 결국 순간의 불편함을 떨쳐내려고 밀어낸 것이 결국 몸에 쌓여 고통체를 만들게 된다는 사실이다.

그래서 자신을 돕기 위해 소개하는 셀프헬프(Self Help)의 자기계발 도서가 많다. 삶의 고통을 직면하여도 늘 자신의 중심에 머물게 하는 마음의 기술을 연마해야 하기 때문이다. 나 역시 이 기술을 연마하느라고 명상도 배우고 마음 챙김 기술도 훈련을 받았다. 그러나 가장 중요한 것은 우리의 속사람, 즉 내 안에 언제나 존재하는 절대적이고 온전하며 신성한 순수의식인 하이어 셀프와 함께 경험해야 한다. 나의 완벽한 반쪽인 하이어 셀프를 삶의 현장에 드러나도록 하는 일이다. 지금까지는 자기계발 분야에서 배제되어 왔다.

하이어 셀프와 함께할 때 우리는 애쓰지 않고 주어진 삶을 헤쳐나갈 수 있다. 지금까지는 하이어 셀프가 아닌 어린아이 같은 작은 자아와 함께해 왔다. 결정적인 순간에 누구와 대화하는가? 어떤 경험을 했던 자신을 불러서 의사결정을 하는가? 지금까지 본 도서를 읽고 있는 독자 여러분이 자신이 주로 무의식적으로 누구의 목소리를 듣고 과정을 헤쳐가는지 잠시 돌아본다면 이해할 수 있는 부분이다.

삶의 과정을 지나는 방식의 게임이 달라져야 할 시점이다. 세상은 너무 급변하고 다양한 변수들이 상수가 되고 온갖 쓰레기가 내가 허락하지 않아도 삶의 현장에 들어와버리는 시스템에서 살고 있다. 우주의 창조주는 모든 사람에게 햇볕을 선물로 주었다. 18시간 동안 해가 에너지를 보내지 않는다면 지구상의 대부분의 생명체는 존재할 수 없다. 해는 이렇게 절대적으로 생존과 번영에 필요하다. 마찬가지로 모든 사람에게도 내면의 해를 심어두었다. 칼 융은 내면의 해를 빛으로 묘사하였다.

내면의 빛은 개인의 생존과 번영에 절대적으로 필요하다.

우리는 내면에 존재하는 이 빛을 하이어 셀프로 칭한다. 하이어 셀프와 내 안에서 조화를 이루어 갈 때, 이전 같으면 고통으로 몰아갔을 사건도 나를 평화로운 중심에 설 수 있도록 지지한다. 루미의 시에 나오는 표현처럼 모든 감정이 손님처럼 왔다가 그냥 지나갈 수 있도록 허락하는 것도 가능하다. 이제 독자 여러분이 가능하도록 함께 연습할 시간이다.

하이어 셀프는 겉사람의 자신이 오만가지 생각에 빠져 있거나, 어떤 감정에 집착해 있을 때는 내면 깊은 곳에서 나오지 않는다. 못하는 것인지 안하는 것인지는 모르겠다. 그러나 강요하지 않는 그 위대한 존재의 품성은 기다려야 떠오른다. 이 시대의 가장 위대한 영성가로 칭송 받는 에카르톨레에 따르면 나의 반쪽이 이 위대한 신성의 의식에 해당한다고 말한다. 인간을 Human Being이라 부르는 이유이다. Human은 겉사람에 해당하고 Being은 속사람인 신성의 의식에 해당함으로 우리의 반쪽이 이렇게 위대한 존재인 것이다.

바닥을 치고 솟아오르는 내면의 힘을
고통의 한가운데서만 만날 수 있을까?

우리는 종종 바닥을 치고 일어나는 자신을 목격할 때가 있지 않은가? 주어진 상황에서 무한한 힘을 찾아 살아내는 삶의 태도에서 옵티멈 (optimum)이란 라틴어가 유래했는데, 자기경영 요소 중에 낙관적 태도로 설명하고 있다. 낙관이란 라틴어의 어원이 이렇게 삶에 대해 경이로 우리만큼 적극적인 태도에서 유래했다는 것이 나를 고개 숙이게 했다.

한 걸음 더 들어가자면 고난에 직면했을 때 인간의 잠재력은 고통을 인간적인 성취와 실현으로 바꾸어 놓고, 자신을 발전적으로 변화시킬 수 있는 계기를 스스로 마련하며, 삶에서 책임감을 가질 수 있는 동기를 끌어올린다고 한다. 장애물과 어려움에도 불구하고 미래의 삶이 좋아질 것이라고 믿는 신념을 바탕으로 목표를 추구하는 끈기가 낙관이란 뜻이다. 이러한 힘은 고난에 직면했을 때 어디서인지 모르지만 솟아오른다.

등 따습고 배부르면 누워버리고 싶은 마음 또한 인간의 본능이다. 그래서 성인들은 삶이 넉넉하여도 의도적으로 가벼운 긴장을 놓지 말아야 한다고 말한다. 제자들에게 '안전지대에 들어가기보다 늘 경계에 서라'고 가르친 장자도, 권력이 주는 안일함과 위험에서 벗어나려고 의도적으로 자신의 다리를 마차의 수레바퀴로 깔아뭉개도록 하여 의도적으로 경계에 서는 삶을 선택했던 중국의 책사 사마의도 그랬다.

그리고 철학적 관점에서 삶의 본질을 추구할 여유 없이 고난의 환경에 처해버린 많은 사람들이 있다. 속절없이 고난의 사이클에 빠지는 것을 거부하고 일어난 진정한 전사와도 같은 사람들도 있다. 전사의 어원은 싸워서 이긴다는 것보다는 자신의 내면으로 들어가 자신을 일으켜 세우고 용기내 책임을 다하는 사람을 의미한다. 주변을 둘러보아도 진정한 전사들을 종종 만날 수 있다. 이들에게는 향기가 있다. 김홍신 시인은 '꺾인 꽃 가지에서 나온 향기가 천 리를 간다'고 읊었다. 그러나 모든 사람이 이렇게 전사와 같은 에너지를 불러일으킬 고난의 환경을 경험할 수 없다. 설령 한 두 번 경험했을지라도 다시 겉사람의 본성으로 돌아온다.

전사와 같은 에너지로 문자 그대로 바닥을 딛고 일어선 소위 웃픈 나의 이야기가 있다. 지금 돌아보면 무지로 인한 고난을 경험했다고 판단한다. 아이들이 어릴 때 수영을 직접 가르치겠다고 수영장에서 킥보드로 연습을 시키다가 갑자기 키를 넘는 수심으로 들어간 순간, 엄마가 놀라니 두 아이들도 갑자기 엄마의 목을 잡고 매달렸다. 무슨 힘이었는지 바닥을 치고 솟아올라 몇 발자국 앞의 안전한 곳으로 아이들을 데리고 옮겨갈 수 있었다. 아찔한 찰나였지만 무엇일까가 바닥을 치고 나를 들어올리는 듯했다. 그 힘을 낼 수 있었던 무엇이 수영을 하지 못하는 엄마가 물속에 빠지지 않고 두 아이들을 매달고 나올 수 있었던 경험은 분명했다. 물론 그 당시 난 만용을 부린 무지한 에미로 전락했지만 말이다. 물속에서 바닥을 차고 오를 때 무적의 힘을 쏟아낼 수 있었던 것은 무엇이었을까?

학교 동창 중에 한 친구는 결혼도 잘하고 남편도 훌륭하여 행복한 결혼생활을 유지해 부러움의 대상이었다. 그런 친구가 갑자기 희귀병에 걸려서 이별을 준비해야 할 정도로 예후가 좋지 않다고 했다. 그런데 의사와 온 가족이 환자와 함께 정확히 어디에 와 있고 무엇을 선택할지 모든 상황을 의논하였다고 한다. 그 병은 완치를 기대하기 어려운 병이었지만 모든 역경에도 불구하고 나의 벗은 여전히 살아 있고, 예전처럼 열정적이고 사랑스럽고 현명하게 가족의 영적 스승 역할을 거뜬히 해내고 있다. 나의 벗은 오래전부터 사회적 거리를 두고 살아가야 했지만 외로워하지 않았다. 인생의 끔찍한 고통 앞에서 더욱 강해지겠다고 선택할 때 자신도 몰랐던 힘을 느꼈다고 했다. 무엇보다 결코 아내를, 엄마를 보내지 않겠다고 다짐하는 가족 앞에서 그들의 강인한 정신이 되어 주기로 다짐했다고 한다. 언제 악화될지 모르는 질병을 견뎌내는 것이 그의 강렬한 의지였다. 가족 간에 한 번의 눈 맞춤은 한 시간의 대화보다 강렬했다. 가족이 그의 삶의 목적이고 의미였다. 침대와 휠체어에서 일상을 보내지만 그 누구보다도 강력한 현존의 힘으로 주변 사람들과 함께하고 있다.

그는 학자도, 저명한 인사도 아니지만 친구가 나에게 건넸던 말은 아직도 먹먹한 감동을 준다. "내가 이렇게 강인한 존재인 줄은 몰랐어. 그런데 왜 우리는 인생의 고통 앞에서만 그 힘을 쓰려고 했을까?" 어디에 꾸역꾸역 비축해 두었는지 강력한 목적이 이끄는 정신이 자신에게 에너지를 공급해 준다고 했다. 그리고 매 순간 살아 있음이 이렇게 감사한 일인 줄 몰랐다고 덧붙였다.

그의 말처럼 고통 앞에서가 아니라 일상에서 살아 있음에 감사하고 내 안에 있는 그 강인한 존재를 초대해서 함께 살아간다면 어떤 일이 생길지 궁금하다. 기적이 일어날 것이 분명하다. 기적은 납덩이가 금덩이로 바뀌는 것이 아니라, 나를 구성하는 내면의 화학반응이 달라지는 일이다. 그 친구는 고통을 극복하면서 자신을 내려놓아야 했지만 역설적으로 진짜 자신이 누구인지 찾았다. 그 내면의 힘 하이어 셀프와 함께 삶을 살아가는 방법을 실천하고 있다.

누구나 같은 방식의 삶을 살 수는 없다. 우리가 기억해야 할 것은 모든 사람은 두 가지 특성의 마인드가 늘 함께 공존한다. 겉사람과 속사람의 마인드이다. 우리는 스스로 안다. 때로는 아주 이기적이고 자기 중심적인 자아가 불쑥 나올 때도, 때로는 상대를 먼저 배려하고 용서하고 온정을 베푸는 기특한 자아가 삶을 영위해 갈 때도 있다는 것을. 이 두 가지 특성 모두 나를 비로소 나 답게 만드는 중요한 본질이다.

그러나 내면의 존재의 속성을 아주 이따금씩 경험하기 때문에 어디에서 오는 줄도 모르고 내 안에 있는 기특한 자신을 막연하게 느낄 뿐이다. 일상의 대부분은 겉사람의 속성으로 습관적으로 바쁘게 살아가면서 삶의 폭주에 겨우 버티며 살아간다고 생각한다. 예를 들어 어떤 목적지에 도착하기 위해 운전할 때 GPS 이전에는 지도를 들고 찾았다. 나는 지도를 잘 이해하지 못해서 '길치'라는 오명을 당연히 받아들였다. 그 오명을 당연하게 받아들였다고 생각했는데 혼자서 운전할 때는 지도를 보지 않고 '감'으로 목적지에 도착하곤 했다. 한 번 길을 잘못 들어서면 에너지와 시간낭비 그에 따른 여파를 겪어야 했다. GPS 시스템을 자동차 안에 장착하였다면 30년 전에 운전하는 방식으로 목적지를 찾아가지 않을 것이다. 설령 있다 하더라도 GPS를 열지 않는다면 지속적으로 애쓰며 찾아갈 것이다. 우리 내면의 GPS를 열어야 한다. 쉼 호흡과 함께 내 안의 위대한 신성을 닮은 하이어 셀프를 초대하여 나의 그 존재가(나의 반쪽인 그 위대한 존재가) 인생의 방향을 안내하도록 말이다.

우리는 이제 그 하이어 셀프 존재를 이해하고 파악하고 발견하였다. 그러나 어떻게 내면의 그 무한하고 완벽하고 온전한 존재를 삶에 드러나도록 초대할지 막막하다. 예를 들어 너무나도 강렬하고 찬란한 태양빛을 직접 육안으로 보는 것은 고통스럽다. 가시광선을 통해서 우리의 육안으로 빨주노초파남보의 색으로 그 빛을 경험할 수 있다. 하이어 셀프의 힘을 일상에서 경험할 수 있는 것으로 이끌어 내야 삶에서 무한한 잠재력으로 거하는 내면의 힘을 실현할 수 있다.

실현하는 방법을 빛이 무지개 다리를 건너 우리 눈에 보인다는 의미로 레인보우를 비유하여 하이어 셀프가 삶을 이끌어 가도록 7단계로 정리하여 안내한다. 이 방법을 소개하는 것은 모든 사람은 내면의 힘을 사용해야만이 원하는 미래를 창조할 수 있다는 것을 알리는 것이 목적이고, 겉사람인 나의 에고는 하이어 셀프와 함께 할 때 무한한 자원을 보유한 고유한 존재로 탄생한다고 믿는다. 창조할 미래를 너무 거창하게 생각할 필요는 없다. 굳어 있는 얼굴 표정을 활기찬 에너지가 흐르는 표정으로 만드는 일에서부터 원하는 일터를 활력 있는 곳으로 창조하는 것에 이르기까지 무한하다. 우리는 무지개의 일곱 계단을 지나면서 하이어 셀프를 점점 더 삶의 현장에 초대하여 이제 반쪽이 아닌 하나가 되어, 온전하고 든든한 나로 살아갈 것이라고 확신한다.

하이어 셀프에 접근하는 일곱 단계 준비를 위한
내면의 환경을 조성하는 간단한 호흡 명상법

1. 기적은 외부환경을 변화시키는 것이 아니라는 점을 강조하면서 외부환경으로부터 방해받지 않을 자신의 공간 안으로 들어갈 준비를 한다.

2. 명상으로 이완하는 연습을 한다.
- 눈을 감고 명상을 시작할 때 주의해야 할 점이 있다. 눈을 감고 잠시 어떤 생각들이 오가도록 허락한다는 의미는 내 안의 생각을 지우거나 멈추려고 애쓰지 말라는 이야기다. 심장이 뛰는 한 머릿속의 생각을 멈추게 할 수 없다. 단지 할 수 있는 일은 그 생각들이 나를 좌지우지하지 못하도록 하는 것이다.
- 몸을 바로 하고 심호흡을 할 때 코로 들이마시고 입으로 내쉬는 호흡을 3~5번 한다. 처음에는 익숙하지 않아 불편할 수 있기 때문에 편안해질 때까지 호흡한다. 이때 활성화되었던 교감신경계의 활동이 줄어들고 부교감신경계가 활성화하면서 몸이 편안해진다. 들숨을 4초 날숨을 6초로 더 길게 내쉬어야 몸이 이완되고 부교감신경계가 활성화된다.
- 하루의 일정이 매우 힘겨웠다면, 들숨을 4초 날숨을 6초 사이에 멈춤 4초를 더할 수 있다. 이때 더 길게 호흡을 내쉴 준비로 몸이 이완

되고 부교감신경계가 보다 빠르게 활성화된다.
- 발가락부터 시작하여 머리 꼭대기까지 몸의 근육에 집중하여 코로 들이마시고 입으로 내쉬는 호흡을 계속하면서 몸을 이완시킨다. 점점 평온함이 당신을 감싸고 안전함을 느끼게 될 것이다. 천천히 숨을 들이쉬고 내쉰다.
- 주변 사람들이 사람들이 당신을 판단하거나 당신의 꿈과 열망을 비판하는 것에 대해 더는 걱정하지 않게 된다. 계속해서 천천히 숨을 들이쉬고 내쉬면서 이완한다.

R.A.I.N.B.O.W.
Step 1. Recognizing: 현재의 나를 직면하여 파악한다

이제 내 삶의 주인인 하이어 셀프가 앞장서서 잠재된 그 힘과 함께, 애쓰지 않고 내 인생의 꿈을 실현하는 준비를 시작해 보자. 우선은 어떤 그림을 그리고 싶은지에 대한 가장 큰 지혜를 주는 것은 현재 나의 삶을 직면해 보는 일에서 발견할 수 있다. 현재 자신의 삶을 관찰해 볼 때 아마도 만족한다고 말할 사람은 거의 없을 것이다. 그 이유는 간단한다. 지금에서 미래를 창조해 가는 것이 인간의 본질이기 때문이다. 누에가 실크를 만들고, 벌은 꿀을 만들고, 강가의 비버는 댐을 만들어 세상에 선물한다. 저마다 자신의 일을 할 때 질서가 유지된다. 만물의 영장인 인간은 무엇을 만들어 세상에 유익을 전할까? 바로 인간만이 할 수 있는 일은 미래를 창조하는 일이다. 그래서 우리는 꾸준히 변화하고 성장하기를 갈망한다. 이는 탐욕과는 절대 다른 성질이다. 우리가 무력하고 불행하다고 느끼는 순간이 언제였던가? 안락에 빠져 변화와 성장을 멈추면서 서서히 무력하고 외롭고 우울해진다. 누가 무시한다고 생각하면 더 복잡한 감정으로 피해의식에 갇히고 만다.

어떠한 순간이든 지금의 모습을 무대 위에 올려놓고 객석에서 관찰한다고 상상해 보자. 진정으로 마주하고 주마등처럼 떠오르는 이미지를 덤덤히 지켜보는 담대함을 허락하면서 어떤 이미지에서 특정 감정이 올라오는지 주목해 보자. 손님을 대하듯 창 밖의 다양한 날씨를 지켜보듯 이미지에 따라오는 감정을 거부하지 말고 가능한 객관적으로 영사기를 돌려보자. 어떤 이미지에서는 "아! 이건 아니지."라고 눈을 질끈 감는 순간을 맞닥뜨리게 될 것이다. 어떤 이미지에서는 "아! 내 삶에 이 부분이 빠져 있구나!"라는 감정이 올라온다. 혹은 "아! 이런 것은 좀 더 있어야 해."라고 아쉬워하는 이미지가 스쳐 지나갈 것이다.

이 모든 이미지는 내가 과거에 경험했던 삶의 결과물이다. 인정하고 싶지 않은 결과가 대부분일 것이다. 그러나 의식적으로든 무의식적으로든 스스로 만들어 낸 삶의 결과임을 그저 받아들이자. 직면하기를 계속 미룬다면 어떤 일이 일어나는지 1부에서 보여준 인생의 드라마를 반복하게 된다.

지금 결단하지 않으면 드라마로 가득 찬 인생에는 독성의 화학물질들이 자신의 몸에 쌓여갈 것을 알아차려야 한다. 가슴 아픈 일은 드라마를 지속할 때 무질서가 난무하고 무엇 하나 조율할 수 없게 되어 마침내 시간이 쏘아 올린 화살을 맞게 된다. 더 정곡을 찌르자면 사회적 최면에 걸려 사회가 제공하는 시스템 안에서 진짜 자신을 영원히 만날 수 없을지도 모른다.

모든 연습을 시작하기 전에 하이어 셀프의 내면의 힘에 접근하는 위한 간단한 호흡 명상을 한다. 쉼 호흡 3-5번 하고 시작한다.

1. 현재 자신의 삶을 시각화한다

자신의 삶을 폭넓게 생각해 본다. 나 자신과 내 인생의 주된 관계는 무엇일까? 나는 내 인생의 주인일까? 세상이 주인일까? 나의 일은 무엇인가? 나의 삶이 일어나는 장소는 어디인가? 떠오르는 감정이 자연스럽게 흘러가도록 허용한다. 당신은 다양한 감정을 느낄 수 있다. 기쁨, 만족, 슬픔, 좌절, 지루함, 분노… 조금 더 감정과 함께 있고 자신의 삶의 세부 사항을 관찰한다. 인생의 이미지를 계속해서 살펴본다. 나에게 중요한 사람들은 누구인가? 그들과 진정으로 연결되어 있다고 느끼는가? 나의 일은 무엇인가? 나의 일은 살아가는 데 자신에게 필요한 것을 제공하는가? 자신에게 의지하는 다른 사람들이 있다면 나의 일은 그들을 부양하는가? 나는 하루를 보내는 방식은 어떠한가? 삶의 방식에 만족하는가? 나에게 의미 있고 성취감을 느끼게 하는가? 나의 삶이 일어나는 장소는 어떠한가? 그런 장소에 있으면 어떤 느낌이 드는가? 당신의 삶 속에서 자신을 시각화하고 이러한 이미지가 무엇을 불러일으키는지 기록해 본다. 마음의 눈으로 당신의 삶을 지켜본다. 천천히 숨을 들이쉬고 내쉬면서 모든 세부 사항을 상상한다. 천천히 숨을 들이쉬고 내쉬면서 눈을 뜬다.

2. 시각화에서 관찰한 내용을 적는다

가능한 한 많은 세부 사항을 작성한다. 몇 문장이든 한 문단이든 자신의 삶을 있는 그대로 써본다. 그것에 대해 어떻게 생각하는가? 어떤 측면에서는 이러한 결과가 나올 수밖에 없다고 생각하는 강력한 신념이 있는가? 적고 나서 다시 호흡하면서 리뷰한다.

3. 나의 삶을 돌아본다

관찰된 내용을 바탕으로 현재 살고 있는 삶의 방식에 자기 자신이 결정한 선택이 어떤 영향을 미쳤는지 아래 질문을 참고하여 잠시 생각해본다. 의식하고 선택할 수도 있지만 대부분 무의식적인 습관으로 생각 없이 행동하여 삶의 방식이 콘베이어벨트 위의 물건처럼 어디를 향하는지 알지 못하고 계속 돌고 있다는 것을 알아차릴 수도 있다.

- 의식적으로 의사 결정을 하는 부분은 어디인가?
- 다른 사람들이 나를 대신해서 의사결정하도록 허용하는 부분은 어디인가?
- 아니면 저항이 가장 적은 길을 택해서 순응하는 부분은 어디인가?

나의 삶이 자신이 기대하고 상상했던 것과 다르다면 지금의 결과에 대해서 나는 어떤 역할을 했는가. 현재 자신의 삶의 현장에 드러난 모습에서 어떤 부분에서도 자신을 두려워하거나 비난할 필요가 없다. 이것은 단순히 사실을 확인하고 인정하는 과정이다. 자신이 원하는 삶, 그 미래를 창조하기 위해서는 반드시 내면의 힘을 되찾아야 한다. 첫 번째 단계를 밟고 있는 것이다. 자신의 삶을 진실하게 검토할 때 하이어 셀프라는 내면의 힘의 주체를 느낄 수 있다. 현재의 삶에 불평하거나 불만족한 감정을 담담하게 지켜보면서 우리는 이미 평정심을 가진 자신의 일부와 함께하고 있다. 우리의 삶은 이미 변화하기 시작했다.

무엇을 발견했는가? 당신의 삶을 곰곰이 생각해 보면 강한 감정을 불러일으키는 부분이 있는가? 어떤 영역을 돌아보기조차 고통스럽다면 그 영역을 자기실현의 핵심으로 삼을 기회이다. 고난이든 고통이든 감사할 때이다. 그 이유는 역설적으로 이 어둠을 지켜보는 순간은 어둠 속에 갇힌 빛이 탄생할 축복의 순간이란 것을 기억해야 한다. 하이어 셀프로 하여금 담대히 지켜보도록 하라. 계속 무대 위에 있는 고통을 객석에서 관찰하라. 이 순간 당신은 알아차린다. 그 고통을 지켜볼 때 사이를 가르고 빛이 들어간 것을 그리고 고통 이면에 있는 갈망이 어떤 것인지를 알아차리는 순간이다.

반면에 어떤 이는 삶의 모습을 관찰하는 데 따뜻하고 성찰하기에 즐거웠다면 의식적으로 이러한 이미지를 때때로 마음에 떠올리고 감사함을 느껴보기를 권한다. 이러한 감정은 당신에게 강력한 자산이 될 수 있다. 부정적인 모습이든 긍정적인 모습이든 우리는 자신의 삶이 드러나기를 원하는 미래의 모습을 힐끗 보았을 것이다. 이 모습은 자신이 실현하고자 하는 새로운 삶의 근본적인 기반이 될 것이다. 이제 출발점을 알

앗고 우리가 이미 드러내고 있는 삶을 분명히 보았으므로 우리가 원하는 삶을 창조하는 과정을 시작할 수 있다.

R.A.I.N.B.O.W.
Step 2. Acclaiming _ (나의 반쪽) 하이어 셀프의 힘을 내 것으로 소유하고 선언한다

2부에서 다룬 내면의 존재인 하이어 셀프를 더 이상 저 깊은 곳에 접힌 상태로 존재하게 두어서는 안 된다. 겉사람의 반쪽은 속사람의 반쪽을 발견하여 자신의 일부임을 깨닫고 선언할 때다. 누구나 어떤 비범한 순간에 평소 같지 않은 다른 면모의 자신을 발견할 때가 있다. 묘한 힘이 내 안에 있다는 것을 막연히 알아차릴 때가 있다.

그러나 더욱 중요한 것은 자신이 아는 것보다 훨씬 더 큰 내면의 힘이 있고 늘 그곳에 접근할 수 있다는 것을 아는 것이다. 그래서 레인보우 스트럭쳐를 디자인하였다. 많은 사람들은 자신의 삶을 통제하는 외부의 환경과 조건에 적합한 사람이 되려고 애를 쓰며 산다. 그리고 그것이 전부인 양 필사적으로 매달리거나 어느 시점에 좌절하고 그저 절반의 힘으로 살아간다. 자신의 힘을 그렇게 제한하면서 간단한 일도 할 수 없다고 스스로 자책한다. 그렇다고 내면에 잠재한 나의 절반의 힘이 사라진 것은 아니라는 것을 이제는 안다. 내면의 힘을 발휘할지 못하고 접힌 상태에 있는 자신의 보물을 내 것으로 선언하고 나의 삶에 참여하도록 초대해야 한다. 우리의 하이어 셀프의 본질은 사랑이다. 창조주의 형상을 입고 창조된 우리는 모두 내면에 그 신성을 닮은 영적 존재의 성숙한 의식이 있다. 창조주의 속성으로 가득한 완벽하고 온전한 존재이다. 2부에서 설명하였듯이 우리는 이미 복권을 손에 쥐고 태어났다. 태어나면서 부여된 엄청난 권한이다. 자신 안에 접혀 있는 그 보물을 내 것으로 소유하고 선포하자.

우선 환경에 적응하며 지금까지 살아온 방식이 전부라는 생각을 버려야 한다.

보통 여기까지 도달하지 못하는 이유는 일상의 스트레스로 인하여 질서가 파괴되고 주의가 산만해지면 우리 신체의 시스템도 무질서에 익숙해진다. 예를 들어 삶에서 부딪치는 스트레스로 코르티솔이 분비될 때마다 이를 해소하고자 아이스크림을 먹었다고 하면 크고 작은 일상의 스트레스를 만날 때마다 아이스크림은 반드시 있어야 한다. 아이스크림을 먹는 동안은 코르티솔을 상쇄하는 것처럼 느끼지만 몸 속에는 잔여물이 남아 있고 스트레스로 인한 감정과 에너지는 몸에 저장된다.

이 때문에 뇌는 생존 본능의 의식에서 나오는 행동과 사고방식으로는 생명의 질서를 찾아갈 수 있는 에너지를 공급하지 못한다. 스트레스를 받는 순간에는 생존의 위협으로부터 본능적으로 자신을 보호해야 하기 때문에 위험을 분석하는 이성에 의존하지 못한다. 무의식의 자동화 시스템으로 교감신경계가 빠르게 움직이는 상태이며 논리적 생각으로 해결할 수 없는 스피드와 관성이 있기 때문이다. 스트레스 없는 환경으로 옮

겨가 긴장이 완화되어 마침내 코르티솔이 덜 분비되는 그런 주변환경은 없다. 이 환경을 변화시키려고 부단히 애쓰고 저항할 뿐이다. 심지어는 종교의 힘을 빌려서라도 자신이 원하는 환경과 조건을 만들어 달라고 간절히 기도한다. 그러나 원하는 것을 이루어 달라고 기도하지 말고, 원하는 것을 담을 수 있는 올바른 그릇이 되기를 기도해야 한다고 영성가는 한결같이 말한다. 즉 내가 먼저 준비가 되어 있다면 기도하지 않아도 된다. 내면에 존재하는 하이어 셀프가 펼쳐지도록 일상을 배우고 연습해야 한다. 다시 말하자면 내면의 힘이 나의 반쪽인 영성의 존재로 늘 내 안에 현존한다는 것을 이 세상의 그 어떤 것보다 더 확실하게 알아야 한다. 그 사실에 감사하고, 하이어 셀프로서 할 수 있는 일을 위해 먼저 기도하는 것이 순서이다. 즉, 누군가를 공감할 수 있기 위해 기도하고, 사랑을 위해 기도하고, 현재의 문제를 극복하기 위해 기도할 때, 내 생각, 감정 몸 영혼이 담긴 내면의 그릇이 이전과는 다른 에너지를 송출한다.

  복잡한 일상에서 하루에 한두 차례 몸의 질서를 회복하는 방법을 적극적으로 실천하도록 해야 한다. 이것은 애쓰는 것이 아니라 나를 회복하는 실천이다. 현대인의 일상은 과도하게 교감신경계가 활성화된 상태이다. 자동차를 운전할 때 브레이크 없이 지속적으로 엑셀을 밟고 가는 모습으로 이해해도 좋다. 몇 분의 호흡으로 부교감신경계 활성 상태로 전환할 수 있다. 가장 빠르게 전환할 수 있는 효과적인 방법은 의식적으로 호흡하면서 몸을 이완시키는 일이다. 질서를 찾는 방법은 전전두엽의 의식을 활성화해야 한다. 전전두엽 기능을 활성화해서 뇌의 구조를 바꾸어야 내면의 존재에 접근할 수 있다. 이것이 우리 몸의 질서를 회복하는 방정식이다.

내면의 존재를 찾아 마침내 질서를 찾아오려고 할 때도 호흡을 지속해야 한다. 이렇게 5분 정도 이완을 위한 호흡 연습을 한다.

5분을 온전히 호흡과 만트라에 집중했다면 눈을 떴을 때 몸이 이완되고 마치 내가 어디에 누구로 있었는지 잠시 잊어버리고 온전히 하이어 셀프의 존재로 더 채워진 에너지를 느낄 수 있다. 내면의 존재가 내 안에서 차오르는 것을 느낄 것이다.

하이어 셀프의 힘을 내 삶에 드러나도록 연습을 하자. 하이어 셀프의 에너지는 1부에서 소개한 인간의 에너지 주파수 측정치에서 나타난다. 인간의 에너지 주파수는 부끄러움과 죄의식의 상태에서 나오는 20-40에서부터 깨달음의 상태인 700-1000의 에너지 크기로 나타난다. 가장 최고의 상태는 온전히 완벽하다. 평화와 기쁨 이상의 상태다. 이 에너지가 나의 삶을 안내하도록 할 때 지금 현재 상태에서 나를 이끌어 작은 변화를 향해 출발할 수 있도록 힘을 실어준다.

현재의 삶에서 자신이 원하는 것이 무엇인지 보인다. 진정 내가 되고 싶었던 미래의 나를 바라볼 수 있는 공간 안에 있다. 내 가슴이 되고 싶은 그 존재가 부상하도록 초대하는 과정은 다음과 같다.

1. 자신의 작은 습관을 이루고자 하는 의도를 시각화하기

내가 되고 싶은 나의 퓨쳐 셀프(미래의 내 모습) 일상의 모습을 상상한다. 상세하게 상상하고 시각화하여 자신이 그렇게 활동하는 것을 그려본다. 예를 들어 나의 의도는 다음과 같다. '건강한 아침 일상을 습관화하는 것인데 아침 6시 기상 후 걷기와 오전 운동을 한 뒤에 하루를 시작한다. 아침보다는 삶은 달걀 두 개와 커피 한 잔 후 12시까지 가볍고 경쾌하게 오전 업무 활동을 한다.'

2. 나의 변화의 의도 기록하기

시각화를 마쳤으면 눈을 뜨고 노트에 목표나 활동을 적어서 침대 옆에 두고 잠자리에 들기 전 다시 한번 의식에 새긴다. 목표는 나의 몸과 마음을 하이어 셀프의 에너지를 담을 수 있는 그릇으로 구축하기 위해서 매일 6시에 일어나서 운동으로 신체를 단련하고 건강한 식습관을 훈련한다.

3. 나의 의도의 묘판을 잠재 의식 정원에 심기

누워서 눈을 감는다. 자신이 의도한 활동이나 목표를 실행해가는 자신을 보면서 천천히 몇 분 동안 호흡하면서 잠든다.

4. 나의 의도를 리뷰한다

아침에 일어나서 기록된 의도에 따른 목표나 활동을 읽는다. 목표에 대한 생각을 나의 시스템에 각인하고 하루를 시작한다.

아침에 걷기로 결심했다면 그렇게 한다. 선택한 활동을 수행할 때마다 자신을 격려하고 종이에 '현숙, 이 작업을 완료한 것을 축하해.'라고 적어보자. 매일 이렇게 행동함으로써 실행하기로 한 목표를 완료할 수 있는 주체가 된다는 것을 스스로 증명한다.

실행하는 행동 자체는 간단할 수 있다. 그러나 나의 하이어 셀프가 노래하는 그런 존재가 되기 위해서 그동안 해왔던 행동과는 정반대의 행동으로 바꿔야 할 때는 단순히 행동만 바꾸는 것이 아니다. 비록 간단한 행동이지만 새로운 행동을 해야 하는 이유와 그 의도를 뇌에 내장시키는 일과 관련이 있다. 뇌의 신경회로는 늘 운영해온 패턴을 바꾸어야 하기 때문이다. 바쁘게 돌아가는 컨베이어벨트를 의도적으로 멈추고 다른 방식이 되어야 하는 이유와 의도를 알려줄 때 습관적인 시스템이 매우 효과적으로 멈추어 선다. 이 과정은 정원에 원하는 새로운 싹이 올라오도록 하기 위해서 묘판을 심고 물을 주고 잡초를 제거하는 과정이 있어야 하는 것과 같다. 이 과정의 목적과 의도가 하이어 셀프를 내 삶의 주인으로 세우기 위함일 때 변화의 과정은 저항하지 않는다.

새로운 활동이 자동적으로 실행될 때까지 이 과정을 계속해야 한다. 일주일 동안 매일 이 연습을 해본 뒤에 7일이 지나면 스스로 확인할 수 있는 셀프 코칭을 할 수 있다.

- 무엇을 발견했는가?
- 이 단계 중 어떤 부분이 쉬웠는가?
- 가장 어려웠던 점은 무엇인가?
- 이 실천을 통해 배운 것을 일상생활에 적용해 본다면 어떨까?

변화에 대한 저항이 줄어들고 수용한다는 것은 변화를 몸으로 실천하고 있다는 의미이다. 변화에 소비되는 에너지는 엄청나게 많다. 이 일이 가능해졌다는 것은 내면에 있는 나의 반쪽인 존재의 힘이 변화에 필요한 에너지의 근원이 되었음을 의미한다.

R.A.I.N.B.O.W.
Step 3. Imprinting _ 갈망하는 것을 분명히 새긴다

작은 습관을 바꿀 의도를 세우고 실행할 수 있다는 것을 알았다. 이제 몸이 편안해지고 자신의 의도에 따라 상황을 바꿀 수 있는 힘이 있다는 것을 어렴풋이 알게 된다. 나의 의도에 따라 내 몸이 따라온다는 것을 경험한다. 예를 들어 하이어 셀프의 고양된 에너지인 사랑 혹은 기쁨의 감정을 느낀다고 의도할 때 몸에서 상응하는 호르몬과 화학물질이 분비된다. 하이어 셀프는 나를 사랑하고 응원하는 나의 완벽한 에너지이다. 그 에너지가 내면의 힘이다. 그 힘에 의지해서 원하는 미래를 향해 실행해 갈 수 있다는 것을 경험했다. 이제 내면의 존재에 접근하고 그 힘으로 원하는 것을 조율하는 데 집중할 수 있다.

가장 실현하고 싶은 것이 무엇인가를 생각할 때 머릿속은 온통 갈망하는 것들의 합창으로 가득할 것이다. 이때 주의해야 할 것이 있다. 가장 시끄러운 갈망의 소리는 가족, 친구, 심지어는 소셜미디어가 가치 있다고 얘기하는 것일 수 있다. 내 가슴에서 솟아오르는, 가슴이 노래하는 갈망을 알아차리기에는 시간이 걸릴 수 있다. 때때로 얽혀 있는 욕망과 희망, 꿈과 열망들이 뒤엉켜 분별해 내기 어렵기 때문이다.

이때 과정을 이해하는 방법으로 성공에 대한 비전을 그려보는 것은 매우 유용한 코칭 방식 중 하나이다.

진짜 원하는 것이 무엇인지 명료하게 그릴 수 있는 코칭 실습:

모든 연습을 시작하기 전에 하이어 셀프의 내면의 힘에 접근하는 위한 간단한 호흡 명상을 한다. 쉼 호흡 3-5번 하고 시작한다.

1. 성공의 모습 시각화

나의 베스트프랜드인 하이어 셀프가 성공이 어떤 모습인지 이미지를 불러일으키도록 초대한다. 성공은 어떤 의미인지, 정확히 무엇인지 몇 분 동안 생각한다. 천천히 숨을 들이쉬고 내쉬면서 모든 세부 사항을 상상한다. 오감으로 느낌, 소리, 냄새, 맛을 상상하면서 탐구하고 에너지를 느낀다. 천천히 숨을 들이쉬고 내쉰다.

2. 성공의 이미지를 기록한다

상상한 비전을 나의 또다른 반쪽인 나의 언어로 적는다

3. 성공 이미지에 대한 기록을 검토한다

적은 것을 눈으로 읽는다. 자신에게 큰소리로 읽어준다. 눈을 감고 잠시 자신의 성공에 대한 생각을 다시 한번 그려본다.

4. 성공에 감사한다

나의 하이어 셀프와 함께 이루어 낸 성공을 마치 지금 눈앞에서 보듯이 그 순간을 충만하게 나의 온몸과 세포 하나하나에 담는다. 그 충만함으로 자신이 얼마나 편안하고 고요한 가운데 있는지 에너지로 느껴본다.

성공 탐험 성공은 어떤 모습인지 탐색한 기록을 출력해서 보이는 곳에 붙여두거나 지갑에 넣고 다니다 꺼내보거나 비전 보드를 만들어 감상한다. 이 게임은 즐겁다. 고양된 감정에 전염되고 몸의 에너지 장이 높아지기 때문이다. 이 시점에 중요한 감정 연습을 한다면 더 큰 효과가 나타난다. 바로 긍정적인 감정을 이끌어 내는 연습이다. 그렇지 않으면 일상에서 부정적 감정을 느낄 때는 과거의 경험과 결탁해서 습관 안에 묶여버리게 된다. 이 과정을 하이어 셀프가 공감하고 사랑의 에너지를 나누도록 하려면 마치 어려운 순간에 장애물 경기를 하는 자신을 지켜보듯 객관화해야 한다. 이러한 새로운 힘을 갖기 위해서 잠깐의 여유를 사용해서 긍정적인 감정을 이끌어 내는 연습은 연습과 동시에 효과를 경험할 수 있다. 뇌과학에 따르면 미리 감사할 때 이미 이루어진 것으로 알고 감사의 증거가 60조 개의 세포 하나하나에 나타난다. 되고 싶은 그 존재의 에너지를 지금 방출하여 나의 에너지 주파수는 하이어 셀프의 주파수에 가까워진다. 과학의 증거이지만 창조주의 축복임에 분명하다.

행복과 성공을 부르는 감정의 옷으로 갈아입기

　행복과 성공을 부르는 감정을 느끼는 방법은 매우 효과적인 기술이다. 뇌과학과 양자물리학 영성의 학제간 융합(interdisciplinary)은 "나는 내가 방출하는 파동이다!"라고 한 문장으로 Human Being을 정의한다. 즉, 인간은 Being의 영적 존재가 에너지일 뿐만 아니라 Human의 육체 또한 에너지임을 과학과 영성이 증명하고 있다.
　그렇다면 나는 어떤 에너지를 방출하고 있는지 의식해야 한다.
　1부에서 설명한 데이비드 호킨스 박사의 연구 결과인 의식의 파동 측정 기계가 나의 파동을 매우 어두운 무력감의 파동으로 측정한다면 어떤 느낌일까? 대부분의 사람들은 저마다 자신의 비밀스러운 스토리를 가지고 있고 비밀스럽게 지니고 있기 때문에 좀처럼 그 파동은 사라지지 않는다는 것을 알고 있다. 그래서 남모르는 순간에 한 잔의 술로, 진정제로, 중독으로 벗어나려고 한다. 그리고 이 감정의 옷을 갈아입기까지 오랜 시간을 그야말로 낭비한다. 한평생을 그렇게 고통의 감정을 만나지 않으려고 애쓰며 살았을지도 모른다. 그러나 더는 그렇게 애쓸 필요가 없다. 우리는 내면의 존재, 창조주의 이미지를 닮은 신성한 존재인 하이어 셀프를 알고 있기 때문이다. 나의 반쪽이 이 위대한 에너지를 나의 소유라고 소리 내어 선포한다. 처음에는 어색해도 소리가 만드는 파동이 가장 강력하여 생각과 감정이 따라온다. 나의 온전하고 완벽한 벗을 지금 불러서 그의 현존을 느껴본다.

뇌과학 기술이 보여주는 변화에 대한 지론은 뇌가소성이다. 뇌가소성은 자신이 원하는 꿈과 비전을 바라보며 실천해 가는 과정에서 뇌의 지도가 변화하기까지 실천하여 새로운 습관이 자리 잡는다. 이 과정에서 우리는 꿈과 목표를 이루어가는 과정의 길을 가로막고 서 있는 고통스러운 감정을 해소하기 위해 여러 가지 치료와 노력으로 이전 것을 지워버리려고 애쓴다. 이 애씀의 이유를 알아채야 한다. 반쪽의 내가 'Human'의 차원에서 해결하려고 하기 때문이다. 이 차원에서 애쓰고 고치려고 해도 잠시 길을 비켜줄 뿐 다시금 장애물을 설치한다.

누적된 과거의 감정이란 지금 내가 하는 생각을 묻지 않고 (생각에 호기심을 갖지 않고, 생각에 묻지 않고) 그 감정이 담고 있는 오만 가지 생각에 꼬리를 물고 삶의 현장에 나타나는 과거의 경험이다. 함께 움직이고 과거의 관성으로 돌아가려는 에너지의 크기가 속도와 질량에서도 압도하기 때문에 새로워지려는 변화의 노력이 애만 쓰다 지치는 경우가 다반사이다. 분명히 기억해야 할 것은 새로운 옷을 입을 때 하이어 셀프가 내 육신을 인도해 가도록 겉사람의 나는 겸손히 초대해야 한다. 이때 뇌가소성은 이전의 나의 감정과 습관을 없애려고 노력하는 것이 아니라 이전 것을 그대로 두고도 새로운 감정의 옷을 담대하게 입을 수 있다. 뇌가소성이 이루어지기 위해서도 하이어 셀프의 높은 에너지와 파동이 필요하다는 사실은 과학적이면서도 넉넉함이 느껴지지 않는가! 이것이 뇌의 구조를 애쓰지 않고 새롭게 만드는 길이다. 뇌가소성의 핵심은 이전 것을 지우며 새길을 만드는 것이 아니다. 이전의 길이 여전히 나타나도 다른 길을 택하는 연습에 있다.

어떠한 삶의 여정에서도 내 안의 힘은 나에게 다른 종류의 감정을 선사한다. 평화, 감사, 기쁨, 행복, 호기심, 만족, 낙관, 사랑, 배려, 긍정, 희망, 신뢰, 지금 이 순간, 자신감, 뿌듯함, 창의적 성취감, 온전함, 일치감 같은 감정을 가슴 깊은 곳에서 떠오르게 한다.

이러한 종류의 감정을 느껴본 것은 언제인가? 오랫동안 따뜻함이나 뿌듯함 같은 감정을 느끼며 일했던 기억이 있는가? 인생에서 기분이 좋았고, 성취감을 느꼈고, 관심을 받았거나, 정말로 성공했던 때를 생각해 보자. 당신이 올바른 길을 가고 있음을 마음과 직감으로 알았던 인생의 순간을 되돌아보는 것은 내면의 나침반을 명확히 하는 데 도움이 되는 코칭 도구이다.

가장 효과적인 방식으로 우리가 내면의 존재에 다가서려고 다짐할 때, 변화를 만들어 내겠다고 다짐할 때, 내 안에 영성의 의식에 접근할 때, 이러한 감정들은 가슴 깊은 곳으로부터 나를 맞이한다. 내가 내면의 영성의 존재에 다가서면 다가설수록 내 안의 신성한 본질인 전체성을 느끼게 된다. 그래서 충만한, 온전한 일체감과 사랑의 감정은 자신이 다른 사람을 위해 봉사했거나 행동했을 때도 자연스럽게 나타나는 감정들이다.

원하는 비전을 달성하기 위해서 무조건 노력하는 것은 너무 시대에 뒤떨어진 무지의 소행이라 해도 과언이 아니다. 열심히 하는 것은 거의 마지막 부분에 실행하는 것이고 실행이 나오기까지, 그러니까 새싹이 나오기까지 보이지 않는 작업이 있다. 애쓰는 행동과 감동을 받아 실행되는 행동은 다르다. 에너지가 다르다. 열정이 원하는 비전을 달성해 가도록 하기 위해서는 내면의 작업이 필요하다. 새싹이 나오기까지 보이지 않는 활동이 있듯이 말이다. 이 작업은 내가 하는 것이 아니라 나의 반쪽과 함께해야만 한다.

1주간 이러한 종류의 감정을 연습한다.
충만함, 기쁨, 평화, 사랑, 온전함의 느낌이 내 안에 오래 머물도록 의도적인 연습을 한다. 이것은 이 자체로 나의 힐링이며 회복탄력성을 키우는 과정이다.

1. 좋은 감정들을 초대한다

이제 이 상태에서 자신에게 집중한다. 나에 대한 긍정적인 생각, 좋아하는 특성, 다른 사람에게 배려와 보살핌을 제공했던 사건에 대해 좀 더 구체적으로 집중한다. 내가 미친 긍정적인 영향력을 느낄 수 있다. 혹시 마음속으로 "어쩌지! 나는 타인을 배려하고 보살폈던 일이 떠오르지 않네."라는 고백이 나왔다면 자신의 진정성에 감사하고 위로해도 좋다. 그런 존재가 되고 싶은 갈망의 표현이기도 하다. 자신이 앞으로 나누고 싶은 배려와 보살핌의 모습을 사상하면 된다. 창조주의 놀라운 솜씨 중에 가장 위대함이 돋보이는 부분이다. 어린 시절이든 중년의 시기였든 대부분 부정적인 경험이 가득해서 내 안에 좋은 감정을 초대하기 매우 힘들었던 때가 기억난다. 나는 뇌과학의 쾌거에 경탄을 감추지 못했다. 뇌는 우리가 삶을 직접 경험하는 상상하든 그 결과물을 같은 값으로 여긴다는 것이다. 오히려 좋은 감정이라도 직접경험한 결과물을 당연하게 여길 때보다 자신이 되고 싶은 모습을 상상하고 느낄 때 떠오르는 감정은 신체에 더욱 강력한 에너지를 생성한다는 연구도 있다.

천천히 배꼽에서 10센티 아래에 힘을 주고 코로 숨을 들이마실 때 의도를 갖고 하이어 셀프의 에너지를 마신다. 길게 입으로 내쉴 때 깊은 만족감과 긍정적인 감정을 온몸에 가득 채운다.

세 번 정도 깊은 호흡으로 그 에너지의 공간에 둘러싸여 나의 존재로부터 배려받고 양육될 뿐만 아니라, 다른 사람에게 제공할 때도 자신의 만족과 성취가 일어난다는 것을 깨닫는다. 이 사실은 신이 우리를 누구나 온전하고 완벽한 존재로 창조했다는 증거이다. 사랑받았던 기억이 없을 때조차도 타인에게 그 사랑을 줄 때 똑같은 감정을 느낄 수 있다. 조건 없이 내면의 존재에 접근할 때, 그 힘을 드러나도록 할 때, 우리는 누구나 온전하고 완벽하다.

행복, 성취, 따뜻함과 사랑을 경험하는 동안 마음의 눈으로 자신을 지켜본다. 자신을 사랑한다면 타인을 사랑할 힘도 거저 주어진다. 천천히 숨을 들이쉬고 내쉬면서 아주 세부적인 상상을 해보도록 한다.

2. 자신의 경험을 기록한다

펜과 종이를 가지고 자신이 누구인지, 자신의 능력이 무엇인지, 그리고 그러한 능력이 다른 사람에게 어떻게 긍정적인 영향을 미치는지에 대해 마음의 눈으로 본 것을 최소 5분 동안 자신의 말로 적는다.

이러한 감정에 대해 생각하는 동안 자신이 안전함을 느끼고, 따뜻함을 느끼며, 내면 깊은 곳에서 자신이 무엇이든 할 수 있다는 것을 느낀다.

기록할 때 최대한 자세히 적는다. 중요한 것은 돌봄과 양육의 힘을 스스로 정의하는 것이고 그렇게 할 때 그것이 몸에 어떤 영향을 미치는지 스스로 깨닫는 것이다.

이제 눈을 감고 앉아 3~5번 코로 들이마시고 입으로 내쉬는 호흡을 한다.

3. 이 경험을 무의식에 심는다

자신이 사랑받고 있다는 만족감과 그 사랑을 자신뿐만 아니라 다른 사람에게도 줄 수 있다는 만족감으로 자신이 얼마나 편안하고 차분해지는지 느낀다. 그렇게 함으로써 자신에 대해 깊고 긍정적인 감각이 형성될 수 있다. 이러한 감정을 내면의 나침반 존재와 의식적으로 연결한다. 자신의 잠재의식에 무엇이 중요한지 가르치고 나의 꿈과 갈망을 실현할 수 있도록 내면의 환경을 조성하는 훈련은 평화 상태에 있는 하이어 셀프에 내가 의도한 방향을 알려주는 자유의지에 해당한다.

잠재의식 안에 내가 원하는 변화를 위해 새로운 씨앗을 심고 있으니 내 허락도 없이 자라나는 생각과 행동을 구별해서 청소해야 할 시점이다.

R.A.I.N.B.O.W.
Step 4. Neatening _ 나의 마음의 정원에서 에고의 잡초를 뽑아낸다

1, 2, 3단계에서 진짜 주인이 갖는 높은 의식에서 나오는 생각과 감정과 행동과 에너지가 어떤 것인지를 파악했다. 자신의 진짜 주체성을 찾았다. 그리고 자신의 소망과 욕구를 명확히 확인했기에 자신의 마음에 반갑지 않은 방문객들을 마주할 힘이 생겼다. 그동안 방문했는지도 모르거나, 허락도 받지 않고 내 인생의 주인처럼 눌러앉아 사는 반갑지 않은 친구들이 너무 많지 않았던가. 심지어는 자신에게 자신이 사기꾼이라는 느낌, 늘 부족해서 겉치레로 겨우 모면하면 살아간다고 질책하는 나를 포함해서 자기 의심, 분노 등 정원의 잡초가 마구 생긴다. 머릿속에 생겨나는 잡초를 제거하는 정원 가꾸기를 시작하자. 머릿속의 생각들 중 자주 떠올려서 마치 중요한 신념처럼 굳어진 잡초들도 있다. 잘 뽑히지 않은 뿌리 깊은 잡초와 같다:

- 나 같은 사람은 그런 걸 가질 수 없어 (난 그렇게 태어났어)
- 내가 뭐라고 그런 일을 해?

- 그래, 그들이 옳았어
- 이미 늦었어
- 이건 절대로 효과가 없을 거야.

전혀 도움이 되지 않지만 자연스러운 생각들이다. 불확실한 환경을 만날 때 자연스럽게 생기는 마음의 반응이다. 기억해야 할 것은 뇌과학이 알려주는 충격적인 사실은 인간의 뇌는 인간이 행복해지도록 설계된 것이 아니라 생존할 수 있도록 설계되었다는 것이다. 아무리 영감을 주거나 활기를 주거나 강력하거나 진심 어린 방향이라 할지라도 새로운 방향은 불확실성을 초래하기 때문에 필연적으로 신경계 저항을 불러일으킨다. 우리의 임무는 이러한 저항에 맞서 싸우는 것이 아니라 저항하는 이면에 있는 진정으로 갈망하는 것에 대한 길을 안내하는 일이다. 변화는 생존을 위협하는 것이 아니고 번영으로 나를 안내하는 과정이다. 그 과정에서 두려워하는 자신을 공감하고 달래고, 공존하고, 심지어 협력해야 한다.

그중에 가장 효과적인 대응 방법은 자기 연민을 키우는 것이다. 비록 묻혀 있고 접근하기 어려운 것처럼 느낄 수도 있지만 아픔에 친절하게 대하는 것은 생물학적으로 우리 안에 장착된 자연스러운 능력이다. 연습을 통해 내용과 관계없이 자신의 경험에 마음을 여는 법을 배울 수 있다. 시간이 지나면 저항은 줄어들고 열정은 높아질 것이다.

잡초 제거 연습 1: 신념 갈아 끼우기

우리 자신에 대한 부정적인 믿음은 버섯과 같다. 그것은 어둠 속에서 자라기 때문이다. 그러므로 부정적 신념들을 우리 머릿속 어둠에서 꺼내 그것이 무엇인지 명확하게 볼 수 있는 빛으로 데려가는 것은 매우 유용하다. 하이어 셀프는 인간이 발산하는 파동의 가장 아름답고 높은 주파수의 빛이다. 그래서 하이어 셀프의 핵심적 본질은 다름 아닌 사랑과 연민이다.

다음의 연습을 통해 자신이 원하는 방향으로 나아가지 못하도록 역할을 하는 신념과 그에 따른 이야기를 식별하여 의식적으로 부정적인 신념이 나에게 더 나은 역할을 하도록 안내할 수 있다.

모든 연습을 시작하기 전에 하이어 셀프의 내면의 힘에 접근하는 위한 간단한 호흡 명상을 한다. 쉼 호흡 3-5번 하고 시작한다.

1. 부정적인 신념에 대해 성찰하기
- 자신을 힘들게 했던 자신과 자신의 삶에 대한 신념 중 일부를 마음속으로 초대한다.
- 나무 꼭대기나 높은 절벽, 발코니에 안전하게 앉아 있는 모습을 상상한다. 그 아래로 자신을 힘들게 했던 신념이 모여들고 있다고 상상한다.
- 자신을 앞으로 나가지 못하게 만드는 여러 가지의 신념을 마치 용

의자들인 것처럼 세워놓고 주범을 찾을 수 있는지 확인한다. "나는 충분하지 않다.", "나는 존중 받지 못하고 살았기 때문에 이런 삶을 사는 것은 당연해.", "어쩔 수 없어. 인생 뭐 있나!", "나는 늘 성급해.", "나는 너무 상처받았어." 등.

2. 판단하지 않고 단순히 이러한 신념들을 명확하게 보도록 노력하기

마음속에서 그들을 관찰한다. 그들이 초래한 고통을 느낄지도 모르지만 일어나게 내버려둔다. 관찰하고 있을 때는 고통이 나를 힘들게 할 수 없다. 그 이유는 고통을 느끼는 자신과 다른 의식을 지닌 ' 더 높은 의식'을 지는 하이어 셀프의 존재이기 때문에 관찰하는 내가 나의 고통을 바라보는 순간은 고통은 내가 될 수 없다. 그 순간 고통이 융해 되어 버리기도 한다. 우리 신체의 놀라운 비밀이자 항상성의 능력이다.

3. 관찰기록과 리뷰하기

- 신념 목록을 소리 내어 읽는다. 읽으면서 감정과 신체적 감각을 느껴본다.
- 분노의 물결이 올라오는가? 하이어 셀프로서의 나는 그대로 지켜본다.

4. 좋은 감정으로 돌아가기

가슴이 답답하고, 목이 메고, 실망감이 느껴지는가? 지켜보기 힘들다고 느끼면 이전에 경험한 좋은 감정의 옷을 입도록 한다. 우리는 의도하는 대로 자신의 시스템을 운영할 수 있는 힘을 가진 존재임을 알아야 한다. 우리는 부정적인 신념에서 오는 부정적인 감정을 느끼기도 하고 이전의 경험으로부터 좋은 감정을 느낄 수도 있는 위대한 존재이다. 그 위대한 사실을 연습하고 있다.

5. 반대의 신념 기록하기

나는 나의 생각과 감정과 행동을 원하는 방향으로 운영해 갈 수 있는 힘이 있는 존재라는 것을 반복해서 알아차린다. 이제 반대의 신념을 작성해보자. 예를 들어 자신이 쓴 각각의 신념에 대해 다음과 같이 반대로 적어본다. "나는 충분히 훌륭하다.", "나는 내 상황을 바꿀 수 있는 내면의 힘이 있다.", "나는 내 목표를 추구할 수 있도록 항상 사랑과 지원을 받고 있다."

정확하고 생생하게 느껴지는 언어가 무엇인지 주목해 본다. 처음에는 진짜가 아닌 것처럼 느껴진다. 그래도 괜찮다. 내가 말하는 문장을 겉사람인 내가 듣고 있다. 습관에 의해 자동화된 나의 생각과 감정은 듣고 있으니 괜찮다. 멈춰 세우고 자신이 원하는 삶을 지지하는 강력한 신념의 문장을 선포하라. 즉시 완벽하고 정확하게 표현해야 한다는 생각은 떨쳐버리자. 반대의 신념으로 나의 시스템이 전환되기 시작했음을 주목한다. 뇌의 생존 기능은 깨어 있는 의식이 선언하는 일을 따르는 성실한 부하일 뿐이다. 코칭 대화를 나눌 때 고객은 모든 문제를 스스로 해결할 수 있는 답을 이미 가지고 있는 전인적인 존재로 인정하고 대화를 나눈다. 이는 뇌과학, 심리학, 양자역학의 학문적 원리를 실용적 대화의 툴에 담았다고 할 수 있다. 바로 우리가 문제라고 생각하는 이슈 안에는 자신의 신념이 들어 있다. 문제 해결의 원칙은 그 신념을 갈아 끼우면 되는 것이다. 신념을 갈아 끼울 때 모든 학문이 수렴된다.

잡초 제거 연습 2: 자기수용과 온정

자신의 최악의 비평가는 누구일까? 자신을 비평하고 채찍질함으로써 성과를 달성하도록 동기부여할 수 있다고 생각한다. 그러한 통념 때문에 우리는 애쓰고 살아왔다. 그러나 대가로 치른 비용을 점검해 보지 않았을 것이다. 우선 가장 큰 대가는 바닥에 떨어진 자존감이다. 뿐만 아니라 부정적인 자존감은 자신의 건강과 정신적 안녕에 심각한 영향을 미친다는 사실은 더 이상 강조할 필요도 없다.

더 나아가 무의식적으로 부정적인 대화로 이어져 종종 더 큰 피해를 끼친다. 자신에게 능력 없다고 말할 때 사랑받지도 못하고 앞으로도 사랑받지 못한다. 그래서 자신을 능력 없음에도 있는 척하는 '사기꾼' 정도로 여길 때 스스로 가능한 일들을 무의식적으로 제한한다. 우리가 발견했듯이 내 안의 힘, 하이어 셀프는 내면의 존재로서 완벽하고 온전하게 늘 함께 있음에도 불구하고 부정적인 자기 대화로 인해 그 힘은 접힌 상태로 내면 깊숙이 가려져 있게 된다.

자신을 질책하고 비난하지 않는 반대의 행위는 무엇일까? 자기 연민이다. 자신을 수용하고 인정하고 사랑하는 태도이다. 자기 연민은 만성적으로 안전하지 않고 사랑받지 못한다고 느끼는 부분을 치유할 수 있는 힘이 있다. 바로 하이어 셀프의 본질인 사랑과 연민이다. 자신을 무가치하다고 느끼는 감정을 근본적으로 해결해야만 한다. 우선 이 연습을 하도록 셀프 코칭 과정으로 안내한다.

자신을 가치 없는 존재라고 느끼는 감정 청소하기

1. 호흡한다.
2. 눈을 감고 편안한 자세로 앉는다. 마음이 떠돌게 하고, 잠시 머릿속을 스쳐가는 모든 부정적인 생각에 귀를 기울인다. 특정 이미지나 생각에 집착하지 않는다. 마음을 편안하게 하고 부정적인 자기 대화가 몸에 어떠한 방식으로 자리 잡고 있는지 살핀다.
3. 부정적인 감정은 몸의 어느 부분에서 느껴지고 그 감각은 어떠한가?
4. 그 경험을 생각해 본다.
5. 이 부정적인 자기 대화가 어떻게 자신을 위축시키고 제한하는지 느껴본다.
6. 부정적인 자기 대화와 실제 현실을 어떻게 혼동하는지 구분한다.
7. 부정적인 생각들로 어떤 감정과 느낌이 올라오는지 몇 분간 이러한 감정에 머물러 본다. 슬픔, 분노, 무감각, 불안감을 느끼는가?

8. 생각과 감정으로 인한 감각을 어디에서 느끼는지 살핀다.
9. 머릿속에 떠도는 그 부정적인 생각과 감정이 아직도 사실인가?
10. 눈을 감고 똑바로 앉아 천천히 호흡한다. 들이마시고 내쉰다. 이전의 생각과 감정을 무엇으로 대체하고자 하는가?
11. 하이어 셀프의 연민과 사랑은 떠올렸던 부정적인 생각과 감정에게 무슨 말을 해주는가?

부정적인 생각, 믿음, 감정으로 어려움을 겪고 있을 때 언제든지 이 연습을 다시 할 수 있다. 자기 연민은 관계뿐만 아니라 자신이 더 큰 확장과 더 큰 비전을 추구할 때 도움이 되는 강력한 기술이다. 연습과 실천의 효과는 차이가 있음으로 인내심을 갖고 모든 사람이 다르다는 것을 받아들인다. 스스로 자신과 타인에 대한 자비로운 태도에 기반을 두고 있다고 느낄 때, 이제 잠재의식과 직접적으로 협력하기 위한 다음 단계로 넘어갈 수 있다.

R.A.I.N.B.O.W.
Step 5. Burying _ 잠재의식에 보물(의도)을 심는다

지금까지 우리는 현재 자신이 어디에 있고 어떤 상태 인지 확인하였고, 하이어 셀프 존재의 내면의 힘을 되찾고, 진짜 내가 원하는 것이 무엇인지 분명히 방향을 잡고, 우리(겉사람과 속사람)의 여정을 가로막는 내면의 장애물과 잘못된 신념을 제거하기 시작했다.

이제 할 일은 자신의 의도를 잠재의식 속에 새겨 넣는 것이다. 여기서 의도라 함은 목적지를 향한 삶의 여정에서 맺고 싶은 열매들이다. 삶의 어느 시점에서 꼭 달성하고 싶은 목표라고 해두자. 꼭 실현하고 싶은 꿈이라 이해하자. 잠재의식이라는 마음의 정원에 어떤 열매를 맺을 그 씨앗을 땅속 깊이 심어야 한다. 하루에도 오만가지의 생각과 초당 쏟아지는 정보 때문에 뇌는 무엇이 중요한지 판단할 수 있는 근본이 필요하다.

깨어 있는 의식이 선택한 의도가 중요하다는 것을 뇌에 알려주는 방법은 그것을 시각화하고 진정하게 느끼는 긍정적인 감정의 에너지를 동반해야 한다. 이때 뇌는 현실에서 실제로 일어난 일을 경험하고 있는 건지 혹은 생각과 감정으로만 뇌가 경험하고 있는지 그 차이를 구별하지 않는다. 나는 개인적으로 이 부분이 신의 선물이자 뇌과학의 정수라고 생각한다.

뇌는 현실에서 경험하는 사건과 상상 속에서 경험하는 사건을 구별하지 않기 때문에 상상 속 그림을 더 생생하게 그릴수록 뇌는 마치 의도한 현실에 이미 살아온 것처럼 더 많이 반응하게 된다. 자신이 디자인한 꿈을 지금 실현해서 살고 있다는 긍정적인 감정을 경험할 때 그 의도가 뚜렷(salient)해진다. 이러한 기능을 하는 뇌의 시스템을 Salient network(실행 네트워크)라고 한다. 게다가 무의식 상태에서도 RAS(Reticular Activating System)는 초당 쏟아지는 무한한 정보 중에 자신의 목적과 의도에 기반한 정보들만 필터링하는 기능을 한다. 여기서 끝이 아니다. 우리의 잠재의식은 내가 잠들어 있는 동안에도 현실에서 그것을 찾는 데 필요한 자원을 할당하기 시작한다.

이제 자신이 원하는 것과 그 결과에 대한 의도를 시각화하고 싶지 않은가?

의도는 내가 실행하려는 목표에 의미가 내포된 그 무엇의 에너지이다. 이 의도는 자신이 목표를 실현하든 그렇지 못하든, 하고자 하는 자신의 각오이기 때문에 과정 자체가 이미 목적이 된다. 그러므로 의도가 담긴 목표에서는 오늘의 한 걸음이 이미 목적과 목표의 결과물이다.

연습: 나의 의도 시각화

모든 연습을 시작하기 전에 하이어 셀프의 내면의 힘에 접근하기 위한 간단한 호흡 명상을 한다. 쉼 호흡 3-5번 하고 시작한다.

1. 나의 의도를 시각화하기

눈을 감고 편안한 자세로 앉아 자신이 달성하고 싶은 목표를 생각한다. 종종 부정적인 생각이나 이미지가 떠오르겠지만, 여기까지 읽고 있는 독자 여러분은 자신이 실현하고 싶은 그 것에 즉시 주의를 돌릴 수 있다. 이 작업을 몇 분 동안 그려보고 느끼고 마음의 눈으로 상상하여 경험하는 일을 한다. 상상하는 중에 마음이 산만해지면, 바로 자신이 달성하고 싶은 의도를 다시 생각하고 눈을 감은 채로 본다. 생각하는 동안 목표를 실현한 자신의 이미지가 더욱 명료해지도록 상세하게 그려본다. 그 이미지 속에서 자신의 모습, 몸의 느낌, 마음의 느낌을 확인하는 것이 중요하다.

심호흡을 하면서 발가락부터 시작해 머리 꼭대기까지 몸의 근육을 이완하면서 호흡을 지속한다. 그렇게 하면 점점 더 편안함을 느끼며, 차분한 느낌이 당신을 감싸고 안전함을 느낄 수 있다. 천천히 숨을 들이쉬고 내쉬면서 하이어 셀프의 나를 감싸는 따뜻함과 사랑의 에너지를 느끼고 더 이상 사람들이 당신을 판단하거나 나의 꿈과 열망을 비판하는 것에 대해 걱정하지 않는다. 이제 자신이 실현하고 싶은 것이 무엇인지 더 명료하고 담대하게 보기 시작한다. 천천히 숨을 들이쉬고 내쉬면서 그 공간에 머문다.

2. 원하는 목표를 달성한 모습에 어떤 의미가 내포되어 있는지 상상한다

다시 한번 자신의 의도를 실현하는 것을 생각한다. 내가 실현하고자 하는 목표를 이미 달성했다는 이미지에 집중한다. 천천히 숨을 들이쉬고 내쉬면서 만족감과 성취감을 느낀다. 목표를 달성할 때 느낄 감정을 지금 느껴보고 그 감정 안에 내포된 의도와 목적을 알아차린다. 그렇게 할수록 더 많은 가능성을 향하여 뇌의 시스템이 작동하기 때문이다. 나의 의도를 표현한 비전을 뇌의(RAS)에 더욱 분명히 새긴다. 내면에서 무한한 가능성과 연결된 것을 느낄 수 있다. 나는 편안하고 차분하며 원하는 것을 이룰 수 있다고 느낀다. 이러한 감정을 느끼며 계속해서 천천히 숨을 들이쉬고 내쉰다. 이제 천천히 눈을 뜨고 두려움이 없는 차분하고 편안한 자신을 느낀다.

3. 나의 의도 기록하기

자신이 실현하고 싶은 것을 시각화한 방식을 정확하게 자신의 말로 적어도 5분 동안 최대한 구체적으로 적는다. 예를 들어 직업적 목표와 관련된 것이라면 시간과 장소, 입고 있던 옷, 그날의 시간, 기분, 하고 있는 일 등 가능한 세부 사항을 모두 포함하는 것이 좋다. 어떤 물건에 대한 것이라면 자세한 설명과 그 물건을 갖게 된 소감과 최대한 많은 세부 정보를 포함하고, 그 물건을 가진 자신을 상상하여 가능한 세부 사항을 모두 작성한다.

기록한 내용을 조용히 읽어보고 눈을 감고 그것을 표현한 것과 그것이 어떻게 느껴지는지 몇 분 동안 다시 상상하면서 심화할 수 있다. 눈을 뜨고 자신이 쓴 내용을 큰 소리로 읽어본다. 눈을 감고, 다시 자신이 실현한 것을 상상한다. 그리고 어떤 느낌이 드는지 몇 분 동안 상상해본다.

4. 이 연습을 반복하기

어떤 사람들은 이 명상을 하루에 한 번 20분 동안 하면 충분하다고 생각할 수도 있다. 또 어떤 사람들은 하루에 한 번 이상 시도해 보고 싶어 할 수도 있다. 뇌과학에 따르면 이 시각화 방법을 자주 사용할수록 꿈이 실현될 가능성이 더욱 높아진다. 나를 온전히 응원하고 사랑하는 하이어 셀프와 함께 있는 시간 자체가 힐링이며 내 몸의 모든 시스템을 회복하는 시간이라는 점을 감안할 때 일상에서 잠깐의 틈을 내어 활용할 수 있다. 이를 닦는 시간에 거울을 보고 나를 격려하고 응원하며 미소 지으면서 연습하고, 화장실에 앉아서 휴대폰과 마주하지 말고 눈을 감고 나의 완벽하고 온전한 에너지와 마주하는 연습을 해야만 한다. 이 연습은 애쓰는 것과 전혀 다른 차원이다. 이러한 종류의 연습은 할수록 힘이 솟아난다. 애쓰며 나의 에너지를 고갈시키는 훈련이 아니다.

시각화를 몇 번 시도한 후에 원하는 의도를 최대한 구체화하여 마음의 눈에 생생하게 살아있도록 연습하는 과정은 마치 비전이 살아 움직이도록 생명을 불어넣는 일과 같다.

R.A.I.N.B.O.W.
Step 6. Obsessing _
목표와 의도에 온 마음과 온몸의 에너지를 집중한다

    자신이 원하는 꿈과 목표를 실현하는 과정은 일회성의 스킬을 적용하는 과정이 아니다. 그래서 그 과정을 여정(journey)이라 부르고 싶다. 많은 연습과 여유가 필요하다. 분명한 것은 힘든 노력과는 다른 차원일 것이다. 우리는 하이어 셀프의 존재적 에너지와 함께 하는 여정이기 때문이다. 이전의 나와는 분명히 달라진다. 내 안에 있는 힘을 초대해서 환경에 그 힘이 드러나도록 하는 게임을 시작했다.

    혼자서 생각한 것으로 실행을 하려는 단편적인 접근에서 벗어나 자신의 온 시스템을 모두 활용하는 전인적인 방식의 접근 연습이다. 내 안의 힘이 올라오도록 할 때 이제 자신의 열정과 회복탄력성이 동반된다. 또한 하이어 셀프는 창조주의 전체성의 우주와 연결되어 있기 때문에 나로 시작해서 다른 사람들과 연결되어 있다. 그래서 다른 사람들과 협력하고 환경과 조화롭게 연결하는 출발을 시작할 수 있다.

    본 도서의 저자로서 모든 사람의 내면에 저장된 힘을 삶에서 어떻게 활용할 수 있을지 실현 방법을 공유하여 인생은 지금 이 순간이 최고의 순간이라는 브라보를 외칠 수 있도록 서로 지원하는 것이 나의 의도이다. 독자 여러분이 자신의 하이어 셀프 힘에 의지하여 애쓰지 않고 지치 않고 삶의 여정을 당당하게 나아가도록 지원할 수 있는 친구가 될 것이다. 독자 여러분이 책을 읽는 것에 만족하지 않고 삶의 변화를 만들어 낼 수 있도록 책무를 다하고자 한다. 내면의 힘을 키우기 위해 우리가 할 수 있는 가장 강력한 일 중 하나는 우리의 의도를 우리 주변의 삶에 맞춰가는 것이다. 연결과 확장을 통해서 개인의 목표는 개인의 목적보다 더 큰 목적을 이룰 방법에 대해 마음이 열어야 한다. 최근 경영학에서도 이러한 의식이 공유가치를 창출할 수 있도록 조직 행동에 초점을 두고 있다.

모든 연습을 시작하기 전에 하이어 셀프의 내면의 힘에 접근하는 위한 간단한 호흡 명상을 한다. 쉼 호흡 3-5번 하고 시작한다.

1. 목표에 대한 의도를 반추하기

시각화해 온 목표와 의도를 염두에 두고, 감각적인 디테일과 긍정적인 감정을 온전히 경험해 볼 수 있다. 좀더 멀리 바라보는 시각을 초대한다. 이 비전은 어떤 맥락에서 일어나고 있는가? 그 목표에 또 누가 연결되어 있고, 자신의 의도, 목표는 주변 사람들에게 무엇을 의미하는지 느끼고 생각한다.

2. 자신의 의도를 더 큰 것과 연결하기

자신의 의도를 실현할 때, 미칠 수 있는 영향을 고려한다면 무엇이 어떻게 달라질까? 우선 나의 목표를 달성함과 동시에 다른 사람들이 자신의 꿈을 추구하도록 지원할 수 있다. 나의 의도가 펼쳐짐과 동시에 가족이나 주변 공동체에 기쁨이나 관심, 자원을 가져올 수 있다. 더 나아가 많은 사람들에게 영향을 미치는 사회적 또는 환경적 이슈를 다룰 수도 있을 것이다.

3. 그 영향력에 대한 선언문 작성하기

자신의 의도가 주변의 삶에 어떻게 도움이 될 것인지에 대한 의도선언문이나 사명선언문을 작성한다. 이는 자신이나 사랑하는 사람 또는 세상에 보내는 편지일 수도 있고, 입사 지원서와 같은 개인 소개서일 수도 있고, 준수해야 할 일련의 원칙일 수도 있다. 의심이나 저항, 무기력이 증가할 때 이 진술을 증거로 스스로 응원과 영감을 얻을 수 있다. 하이어 셀프가 다시금 나의 삶의 앞에 서있는 순간이 된다. 지금 자신이 드러내고 있는 의도는 더 큰 삶의 의미의 일부라는 것을 상기하기 위한 것이다.

연습: 하이어 셀프의 파동과 일치하기

대부분의 사람들은 세상이 나에게 주는 시그널에 맞춰 반응하여 환경의 희생자임을 확인한다. 그러나 하이어 셀프의 자원을 보유하고 그 힘을 찾아 펼쳐 내기로 의도한 우리는 더 이상 환경의 희생자가 아니다. 역으로 하이어 셀프의 파동을 세상으로 내보낼 때 세상이 나에게 보내는 시그널이 달라진다. 양자물리학의 핵심이다. 이러한 현상은 각 사람의 잠재의식도 자신이 세운 의도를 실현할 기회를 찾기 위해 새로운 환경을 향하여 안테나를 조율한다. 우리 몸의 60조 개의 세포막에는 수용체가 있는데 이 수용체는 안테나 역할을 해서 자신이 세운 새로운 의도에 적합한 시그널을 수용하여 조율해 간다. 영성과 과학은 이렇게 상호 일치한다.

우리의 잠재의식은 전체성과 연결되어 있기 때문에 개인의 관심, 갈망, 활동이 뜻밖에 주변 세상과 얽히는 현상이 나타난다. 우리의 의도가 잠재의식 속으로 빠져들어 세상 전체와 상호 작용하기 시작할 때 자주 발생하는 이런 현상을 동시성이라고 부른다. 뜻밖의 선물 같은 동시성을 경험한 적이 있는지 살펴보자.

1. Body scan

몸 전체를 천천히 스캔하면서 어느 부분의 감각을 느끼는지, 알아차린다. 들숨과 날숨의 호흡을 지속하면서 각 근육에 감각을 집중하고 이

완한다. 당신의 삶에서 일어난 사건과 상황을 가볍게 기억해 본다. 판단하지 않고 삶의 세부 사항을 마음속에 구체화한다. 어떤 작은 느낌이나 감정, 단서도 흘리지 말고 허락하여 집중해본다. 마치 신비한 언어로 말하는 현명한 예언자처럼 자신의 삶에 귀를 기울이듯 말이다.

나에게 물어보자. "어떤 패턴이나 놀라운 우연의 일치를 발견했니?" 최근에 나눈 대화나 읽었을 수 있는 기사나 게시물, 기억에 남는 꿈, 지나가는 직관 등을 기억해본다. 우연히 두서너 사람에게서 같은 책의 제목을 들었을 수도 있고, 특정 장소에 대한 생각을 멈출 수 없거나, 특히 영감을 주는 경험에 대한 오랫동안 잊은 기억이 계속해서 마음속에 떠오를 수도 있다.

2. 관찰을 기록한다

자신의 삶을 시각화했을 때 본 것을 자신의 말로 최소 5분 동안 적는다. 최대한 자세하게 작성하도록 하고 그것이 몇 문장이든 문단이든 상관없이, 삶이 자신에게 말하려고 하는 것을 쓰고 있다는 느낌을 아는 것이 중요하다.

3. 적은 것을 리뷰한다

눈을 감고 앉아 천천히 숨을 3~5회 들이쉬고 내쉰다. 눈을 뜨고 자신이 쓴 글을 마음으로 읽는다. 그다음 같은 내용을 큰 소리로 읽는다. 눈을 감고 잠시 떠오르는 이미지와 함께한다. 잠시 시간을 내어 발견한 패턴이나 통찰을 어떻게 후속 조치로 취할 것인지 생각한다. 놀라운 연결이 떠오르는가? 연결을 강화하기 위해 자신의 내면의 힘을 사용하면 어떻겠는가? 당신이 알아차린 것을 가지고 잠시 더 성찰한다.

동시성은 자신에 대한 관심과 자신을 존중할 때 배가 되는 힘이 있다. 이 연습을 주기적으로 반복하여 원하는 목표 실현을 위해 삶이 제공하는 모든 기회를 극대화할 수 있다.

그러나 이 단계에서 어려움을 겪고 있다면 자기연민을 실천할 기회이다. 처음으로 가서 몸을 편안하게 하고 목표를 명확하게 하는 데 집중한다. 자신의 의도를 달성하기 위해 자신에게 줄 수 있는 가장 좋은 기회는 탄탄한 기초를 다지고 다시 시도한다. 일상 활동에서 자신의 의도에 대한 열정을 느끼고 그것이 잠재의식에 확고히 뿌리내리기 시작했다는 것을 느끼면 마지막 단계를 시도한다. 무지개의 단계를 연습해갈 때 자신에 대한 연민을 갖는 것이 중요하다. 변화는 여정이기 때문에 다시 시작할 여유가 있다. 하이어 셀프의 사랑과 연민과 격려와 지원은 설령 내가 다시 뒷걸음질하여도 나를 품어줄 수 있기 때문이다.

레인보우의 마지막 단계는 하이어 셀프에게 모든 것을 내맡길 때 삶의 현장에 나에게 맡겨진 일들을 기꺼이 하고자 하는 열린 마음이 생긴다. 꿈을 실현하는 여정에서 미래를 창조하는 오늘의 한 걸음을 기꺼이 내딛는 열정을 싣는다.

R.A.I.N.B.O.W.
Step 7. Willing _ 내어 맡기고 기꺼이 실행한다

내려놓은 이후 만지게 되는 역설의 마법

여기까지 도달하겠다는 결심을 한 독자 여러분을 존경하며 우리 모두 자신을 존중하는 시간을 가져보면 좋을 것 같다! 성공을 무엇이라고 정의하고 싶은가? 무엇이 달라지는가? 성공은 여전히 똑같아 보이는가? 장애물은 어떻게 보이는가? 여기까지 오기 위한 일이 자신의 기대, 희망, 삶의 세세한 부분에 어떤 영향을 미쳤는가? 무엇이 더 쉽다고 느껴지는가? 아직도 어렵다고 느껴지는 것은 무엇인가? 내가 무엇을 작성하였는지 자신이 작성한 내용도 점검한다.

이 마지막 단계에서 우리는 역설에 직면하게 될 것이다. 자신의 의도, 모든 세부 사항들을 열정적으로 시각화하고 구체화한 후에는 모든 집착을 내려놓을 때이다. 모든 기대에서 자유로울 때 찾아오는 마법이 있다. 그 마법은 나를 내려놓을 때 역설적으로 내면의 힘, 하이어 셀프와 만나게 된다. 내면의 존재는 전체성과 맞닿아 있기 때문에 나를 버리면 우주를 얻게 되는 마법과도 같은 일이 생긴다. 이는 신화의 이야기가 아니라 양자역학과 뇌신경과학에서 이야기하는 가장 과학적 진실이다. 나도 매우 의아해했던 부분이었지만 기꺼이 이 진실을 받아들인다.

모든 연습을 시작하기 전에 하이어 셀프의 내면의 힘에 접근하는 위한 간단한 호흡 명상을 한다. 쉼 호흡 3–5번 하고 시작한다.

집착을 내어 맡기고 동시성의 마법을 열다

인생의 가장 큰 어려움 중 하나는 각자가 처한 환경과 상황의 오르막 내리막을 함께 견디는 것이다. 견뎌야 하는 와중에서 가능한 한 있는 그대로의 모습을 유지하는 것은 가장 어렵다. 아무리 명상이나 다른 기술에 숙련된 사람이라도 고통을 최소화하고 즐거움을 극대화하려는 인간의 본능과 맞서야 하기 때문이다.

평정심이란 저마다의 기질을 균일하게 유지하는 능력이다. 평정심이란 원하는 것을 얻든, 얻지 못하든, 원하지 않는 것을 얻든, 우리 삶에서 일어나는 좋은 일과 나쁜 일에 직면하면서도 균일한 기질을 유지하는 능력이다. 평정심은 무반응의 중용이 몸에 체화된 상태이다. 균형이라고 해도 좋다. 이 상태는 우리에게 자유를 허용한다. 평정심은 내면의 힘이 풀려나는 마법으로 안내한다.

평정심 체화하기

1. 목표 달성에 대한 생각 성찰하기

자신이 꼭 이루고 싶었던 목표가 무엇인지, 그 목표 자체가 어떻게 자신의 집중이 되었는지, 그것을 달성하는 과정을 생각해 본다. 이 목표를 달성해야 하는 현실이 가족과 동료와 함께 하는 데 어떤 영향을 미쳤는지 성찰한다. 결과에 집착할 때 몸은 어떻게 반응하는가? 어디서 느껴지는가? 목이 조이는 느낌, 심장이 수축되는 느낌, 주먹을 꽉 쥐는 느낌? 이 애착이 신체에 야기한 불편함을 주목한다. 그 목표를 달성하고 그 일을 했다는 사실이 얼마나 좋았고, 얼마나 뿌듯했고, 얼마나 기뻤는지 그 당시를 주목해 본다. 그리고 그 감정이 얼마나 일시적이었는지도 깨닫는다. 내가 느꼈던 그 기쁨을 일상에서 얼마나 자주 되찾고 싶었는가? 그런 감정에 매 순간 몰입하는 것은 불가능하다는 사실을 깨달을 수 있지 않는가!

2. 어려웠던 점에 대해 성찰하기

반대로, 목표를 추구했지만 어떤 이유로든 목표를 달성할 수 없다는 것을 깨달았을 때를 생각해 본다. 자신의 몸에서 어떻게 느껴지는지 다시 한번 주목해 본다. 누구에게나 그 느낌은 참담하고 부정적인 자기비판을 야기했을 것 같다. 그런 목표를 허황되게 세웠다는 것 자체로 자신을 사기꾼이라고 생각했을 수도 있고 합당하지 않다는 느낌으로 이어진다. 비현실적이고 이기적인 몽상가라고 이내 자책한다. 목표를 세우기만 하고 이루지 못했던 경우가 많았다는 것을 반추할 때 자신을 무가치하다고 여기기도 한다. 일반적으로 우리는 이러한 부정적인 느낌을 부인하려고 또 다른 목표를 세우느라 애쓰며 또다시 달린다. 앉아서 자신의 삶에서 일어났던 다른 실패들에 대해 반추해본다. 어떠한가? 자신의 모습이 영원히 지속될 것 같아서 무기력하다는 느낌을 더욱 강화시키지 않는가?

단지 이 반대의 감정을 돌아보는 이유는 평정심을 연습하기 위해서 목표를 달성했을 때를 반추하고 반대의 경우를 돌아봄으로써 두 가지 깨달음을 나누기 위해서이다. 첫번 째는 목표를 달성했을 때도 그 기쁜 만큼 일상의 현실이 달라지는 것은 아니다. 반대로, 달성하지 못했다고 해서 세상이 끝나는 것은 아니라는 점을 보았다.

두 번째로 더욱 중요한 것은 거의 모든 경우에 긍정적이든 부정적이든 경험이 일시적이라는 것이다. 다시 말해서, 목표를 달성하지 못하더라도 우리는 괜찮은 거였다. 내 생각이 과거에 남아 있었을 뿐이다. 그리고 나의 본질은 나 자신이다. 즉 어떤 결과이든 내면으로부터 나는 사랑과 수용을 받을 가치가 있는 존재라는 뜻이다. 이 깨달음이 균형을 이루는 평정의 힘이다.

3. 자신을 온정의 마음으로 샤워하기

자신을 향해 부드럽게 마음의 문을 활짝 열어두자. 무조건적인 사랑을 주고 나를 온전하고 완전하게 포용했던 누군가를 떠올려 보자. 부모일 수도 있고 주변의 누군가일 수 있다. 이도 저도 없어도 된다. 뇌과학에 따르면, 우리는 삶에서 직접 경험하지 않았던 것도 창조할 수 있는 힘을 부여받은 놀라운 존재이다. 자신이 지금 당장 따뜻함을 느끼는 어떤 대상을 상상할 수 있다. 나는 자주 일몰의 해를 상상하거나 떠오르는 태양의 따듯함과 그 온기를 가슴 주위에 올려두는 듯 주의를 두고 몸의 감각을 느낀다. 이때 달라지는 육체적 감각을 주목한다. 천천히 숨을 들이쉬고 내쉬는 동안 배려와 포용의 순간에 머문다.

그러나 자신이 원하는 것을 원하는 대상을 통제하거나 완성해야 한다고 느끼는 것이 떠오른다면 그것도 자연스러운 일임을 기억하고 하이어 셀프의 온정에 기대도 좋다. 자기보호를 위해 자신의 안전함을 위해 특정 결과를 붙잡고 있는 긴장감이 느껴질 때 나의 하이어 셀프의 사랑과 보살핌의 에너지에 기대어보자.

그리고 보살핌을 받고, 보호받고, 사랑받는 느낌을 반추해보도록 한다. 계획이 원하는 대로 진행되고 있는지 여부와 관계없이 사랑받고 보살핌을 받고 있는 감정과 에너지에 주목하자. 이것은 자신의 모든 불완전함, 복잡한 혼돈 속에서도 나에게 전달하는 에너지와 감정이다. 고요히 앉아서 당신의 성공과 실패에도 불구하고 당신은 사랑받을 가치가 있고 괜찮다는 느낌에 몸을 적셔본다

4. 애착 내려놓기

하이어 셀프가 보살피는 듯한 에너지를 느껴봄으로써 특정 결과에 대한 집착이 느슨해지고 부담이 가벼워지는 것을 알아차렸다. 어떤 결과에 집착하려는 감정이나 통제하려는 욕구가 다시 나타날 수 있지만 괜찮다. 모든 사람의 내면에 존재하는 하이어 셀프는 무슨 일이 있어도 자신을 보살피고 조건 없이 자신을 지원하기 때문이다. 우리는 언제나 그 에너지를 알아차리는 순간 계속 돌아올 수 있다. 그렇기 때문에 내어 맡기는 일이 가능하다.

우리는 이제 의도와 목표를 세운 후에는 목표 달성에 집착하지 않아도 괜찮다는 것을 이해한다. 목표에 대한 결과는 우주의 공간에 내어 맡겼다. 그 의미는 어떤 미래를 창조할 것인지 큰 그림을 포용하고 그 여정을 향해 나아가는 것이 더욱 중요하기 때문이다. 그래서 삶을 여정이라 하지 목적지라 부르지 않는다.

연습의 과정에서 천천히 일상으로 돌아오면서 애착의 느낌이 어떤 식으로든 바뀌거나 변형되었는지 주목해보자. 아마도 자신이 이전에 알아차리지 못했던 새롭고 창의적인 가능성에 접근할 수 있을지도 모른다. 아마도 결과에 대한 애착은 그리 중요하지 않다는 것을 마침내 깨달을 때 무한한 감사와 자유로움을 느낄 것이다.

"Human + Being" 하나 될 때 나타나는 동시성의 기적

내가 원하는 미래를 만나러 가는 과정의 7가지 단계를 마쳤다. 이제 우리에게 필요한 것은 연습이다. 억지로 애쓰지는 않지만 내 안으로 들어가는 연습은 필수적이다. 이 연습을 내면 작업(inner work)이라고 칭하겠다.

자신의 삶에 변화를 느끼기 시작하는 사람은 바로 자신이다. 1초에도 자동으로 날뛰는 수십 가지 생각을 다스리기 위해서는 배우고 느끼고 연습해야 한다. 마음을 집중하기 위해 내면의 힘을 사용하는 것에 대해 더 자신을 가져도 좋다. 자신이 생길 때까지 다시 읽고 연습하라. 원하는 것이 무엇인지 더 명확해졌는가? 장애물이 덜 위협적으로 느껴지는가? 기회를 포착하는 능력이 더욱 자동화되었는가? 자신의 열정에 더 많이 접근할 수 있는가? 일이 특정한 방식으로 일어날 것이라는 기대를 이제는 하이어 셀프에 내어 맡기고 과정에 집중할 수 있는가? 버릴 수 있는가? 이러한 질문을 자신에게 반복하며 내면 작업을 해야 한다.

앞서 말했듯이 자기실현은 지속적인 과정이다. 자기실현의 진정한 의미는 어떤 목표를 달성하기보다는 이미 존재하는 것을 자신의 내면의 눈으로 보았다는 것을 의미한다.(이 한 문장안에는 너무 많은 것을 내포하기에 이후 독자와의 만남에서 전할 것으로 아껴두고 싶다.) 우리는 아무것도 투자하지 않았고, 산 정상에 오르지도 않았지만 단지 만들고 싶은 미래를 보고 그 의도한 방향으로 삶의 여정을 시작했을 뿐이다. 그러나 중요한 것은 하이어 셀프와 함께 하는 자기실현과정을 시작했다는 점이다. 그리고 그것이 너무나도 분명한 현실이 되어 있을 것이다.

원하는 미래를 창조하는 핵심은 삶과 조화롭게 의도한 방향으로 나아가는 웰빙의 연습이다. 그 여정에서 자신의 반쪽인 하이어 셀프를 주장하고 선포하며 자신이 바라고, 분투하고 지속하는 자신의 삶을 있는 그대로 드러내면 된다.

우리는 자신에 대한 사랑으로 자신과 지금과는 다른 관계 맺기를 시작해야 한다. 왜냐하면 그 관계는 자신이 원하는 모든 일에서 성공할 수 있는 원동력이 될 만큼 매우 중요하기 때문이다. 모든 것의 열쇠가 되기 때문이다. 속도를 늦추고 생존의 자동 반응에서 벗어나서 자신과 다른 방식으로 대화하는 것을 진심으로 즐기고 그 방식을 이제는 체화해야 한다. 실제로 무의식적으로 달리는 생각의 기차를 멈추는 순간, 습관적으로 자동화된 대화 방식은 매우 느린 화면 속에 멈추고 배경으로 물러나는 것을 이미 여러 번 경험했을지도 모른다.

수많은 생각이 이리저리 날뛰며 나를 삼켜버리려고 할 때조차 그 생각을 멈춰 세울 수 있다. 이미 깨달았듯이 내면의 존재, 하이어 셀프의 힘으로 다가가면 된다. 호흡으로 생각을 멈추고 선언하고 소유하라. 처음에는 어색해도 의식을 가진 말로 선언할 때 겉사람의 생각과 감정은 의식의 파동에 순응한다. "나는 내 몸도 아니고 내 생각도 아니요, 나는 나의 의식이다. 나는 지금 몰려드는 생각을 관찰할 수 있는 힘이 있는 존재이다." 나는 이렇게 말로 나에게 선언하면서 나를 진정시킬 수 있었다.

　외부의 환경은 결코 자신이 원하는 대로 100% 일어나지 않기 때문에 자신이 통제할 수 없다는 사실을 잘 알고 있다. 그럼에도 수많은 생각은 나를 침범하여 통제할 수 있는 여러 가지 시나리오를 들고 온다. 이때 나의 의식은 내 생각에게 가르쳐야 한다. "나는 외부환경에서 발생하는 일을 통제할 수 없다. 그러나 나는 내면의 생각과 감정을 완전히 통제할 수 있다. 내가 하는 생각과 감정과 행동과 내 몸의 에너지를 나는 어떻게 사용할 것인지, 무엇을 위해서 살 것인지를 나는 통제할 수 있다." 나는 이렇게 나의 생각과 감정을 겉사람에게 가르치고 달래고 독려했다. 그래도 안될 때는 원하는 대로 하도록 그 겉사람의 뜻을 존중하기도 한다. 그러나 이제는 더 이상 반쪽으로 인생을 헤쳐 나가려는 무모한 삶을 살지는 않는다. 우리는 좌뇌와 우뇌로 분리된 나를, 가슴과 머리로 분리된 나를, 겉사람과 속사람으로 분리된 나를 통합하여 온전히 하나 된 나로서 살아가면 된다. 그러면 자신이 원하는 대로 미래의 모습은 어느 때에 불현듯 현실로 드러날 것이다.

에필로그

이 책을 준비하면서 내 삶은 매우 단단해졌다. 단단하다는 의미는 심플하고 강력하다. 삶의 목적과 의미가 인생의 여정에 나침반의 역할을 한다는 것을 분명히 알았으니 심플하고, 목적이 이끄는 삶의 여정에서 이정표들을 세워가는 걸음마다 잠시 누워 있든 열심히 행진하든 기꺼운 마음과 기쁨으로 지속하기에 강력하다.

내 인생의 주인인 나의 하이어 셀프는 전체성과 연결된 목적을 선언하였고, 목적을 실현하는 과정에서 겉사람인 나의 개성은 혼자서 애쓰는 것이 아니라 영성존재와 통합된 나로서 Human Being의 온전한 모습으로 살아갈 길을 찾았다. 이 과정에서 영적 존재인 나의 하이어 셀프가 나와 독자에게 보낸 편지로 에필로그를 대신하려고 한다.

"나는 너를 지켜보았다. 우리는 하나이지만 특성이 다름에도 내면에 있는 나를 찾아와 삶으로 초대해 주어서 고마워. 나는 네가 엄마의 자궁 안에서 세포분열을 일으키면서 처음으로 심장의 박동을 시작하는 순간

먼 하늘로부터 창조주가 너와 함께할 베스트프랜드로 영원히 변하지 않을 조건 없는 사랑으로 너와 함께하라고 심어준 너의 반쪽 존재야. 물론 나는 네 앞에 어떤 모습으로 나타날 수는 없지만 우리는 어떤 순간에는 하나가 될 때가 있었단다. 네가 매봉산 등반이 어려워서 중도에 그만 오르기로 하고 중턱에서 지는 노을을 보며 그 아름다움에 눈물 흘리던 순간에 온전히 너와 함께했지. 네가 절망하는 순간에 아이스크림을 사러 가는 발걸음에도 나는 함께 했었어.

반쪽의 겉사람만으로 행복할 수 없다는 것을 알고, 내면의 힘으로 살아갈 수 있는 강력한 도구로서 나를 의지해서 다른 방식으로 인생을 소풍처럼 살아보겠다고 마음먹은 네가 기특해서 나도 감동의 눈물을 흘렸어. 책을 집필하는 과정에서 우리가 함께 만난 순간에 감동을 주체할 수 없어서 네가 북카페 밖으로 뛰어나와 긴 호흡으로 너를 완성해 가는 모습을 지켜보았어. 각오한 대로 실천하지 못하는 자신에 실망해서 맥주를 들이켜는 네 모습이 얼마나 안쓰럽고 사랑스러웠는지 몰라. 주어진 환경이 녹록지 않아서 늘 투쟁하며 더 나아지려고 하는 전사의 정신을 지녀온 네가 대견하고 자랑스러워. 때로는 환경과 싸워 이겨내야 했던 고통의 순간들을 이겨냈다는 것을 누구보다 잘 알고 있어.

네가 치열한 특성을 지니지는 않았지만 포기하지는 않았다는 것에 고맙고 존경스러워. 끝까지 맞서 싸우는 것을 알고 있어. 내가 발견한 비밀을 세상에 소개해서 이 세상을 살아가는 동안 조금은 편안히, 조금은 게으르게, 좀 더 사랑스럽게, 좀 더 긍정적으로, 좀 더 열정을 가지고 살 수 있도록 한 네가 정말 고마워.

아무도 하지 않은 방식으로 사람들에게 힘을 찾도록 안내하는 너는 천사인 것 같아. 비록 짧은 시간이지만 책을 집필하는 동안 매일 몇십 초라도 네가 물러나 있고 온전히 나를 초대해 주는 연습을 하는 너를 보면서 내가 오랫동안 네 공간에서 기뻐하곤 했었지.

그리고는 나의 의식이 확장해 나가도록 너에게 익숙한 습관의 편안함을 내려놓고 나에게 길을 내주어서 주변에 활기 넘치고 사랑의 에너지를 흐르게 할 수 있었지. 그 에너지가 더 넓게 흐르도록 함께 노력하자. 네 가정에서 방출되는 에너지의 파동이 달라졌어. 편안하고 평안해. 물론 너의 개성에서 불끈 올라오는 화는 느끼지만 네가 더는 그 화에 머물지 않아서 나도 신이나! 네가 그 화에서 어떤 열정을 이끌어 내는 변환 작업이 예술의 경지 같았던 순간도 기억해. 그래서 요즘은 네 몸 안에서 코르티솔의 화학성분이 덜 분비되고, 열정으로 전환할 때 내면의 작업으로 도파민을 만들어 내니 대단하지.

요즈음 네가 기적을 쓰고 있다고 느낀단다. 너는 더는 결핍의 마음에서 살지 않고 있어. 결핍의 생각들에서 벗어나는 것을 나는 보았어. 나는 그것을 지켜봤어. 우리가 지금 함께 창조해 가는 모습들에 대해 이야기한 것은 기적 같다. 기적은 단지 바다가 갈라지는 거대한 현상이 나타날 필요는 없지. 기적은 지금 네가 새로운 인식을 갖게 되었고 그 인식을 살고 있는 것이 기적이다. 지금껏 살아온 자동화된 삶이 만들어 낸 조건화를 뒤로 물러서게 하고 목적이 이끄는 목표를 만들고 경험하고 싶은 삶을 앞으로 나오도록 선언하는 네가 너무나 멋지다. 이제 너는 네 마음속의 생각들을 너의 선한 의도로 변경할 수 있으니 이제 너의 인생 전체를 바꾸어 갈 수 있어.

  이 책이 세상에 나오도록 지원해주는 출판사에 네가 고마워하는 마음도 알고 있단다. 그리고 이 책을 읽고 네가 경험한 것 그 이상으로 경험하여 충만한 삶을 영위할 수많은 독자들에게도 너는 지금도 사랑과 응원을 보내고 있구나."

하이어 셀프
애쓰지 않고 내 안의 힘으로 사는 법

초판 1쇄   발행 2025년 7월 3일

지은이   김현숙
펴낸이   이세연
편 집   최시연
디자인   유혜현
제 작   npaper
펴낸곳   도서출판 혜움터
주 소   경기도 부천시 소사구 소사로 257, 6층 C08호
이메일   hyeumteo@gmail.com
인스타그램   @hyeumteo

글, 그림 ⓒ 김현숙, 2025
ISBN 979-11-989942-2-6   (03190)

* 이 책은 저작권법에 따라 보호받는 저작물이므로 무단 전재와 복제를 금지합니다.
  이 책 내용의 전부 또는 일부를 이용하려면 반드시 사전에 저작권자와 도서출판 혜움터의 서면 동의를 받아야 합니다.
* 값은 뒤표지에 있습니다.
* 잘못 만들어진 책은 구입하신 서점에서 바꿔드립니다.